자청비
가믄장아기
백주또
-제주신화 그리고 여성

자청비 가믄장아기 백주또
-제주신화 그리고 여성

지은이 김정숙
펴낸이 강정희
펴낸곳 도서출판 각 Ltd.

초판 인쇄 2002년 3월 25일
초판 4쇄 2024년 10월 1일

도서출판 각 Ltd.
주소 (690-809) 제주특별자치도 제주시 관덕로6길 17 2층
전화 064·725·4410
팩스 064·759·4410
등록번호 제651-2016-000013호

ISBN 979-11-88339-22-8 03380

값 20,000원

* 이 책 내용의 전부 또는 일부를 재사용하려면 반드시 지은이와 출판사 양측의 동의를 받아야 합니다.
* 잘못 만들어진 책은 구입하신 곳에서 교환해드립니다.

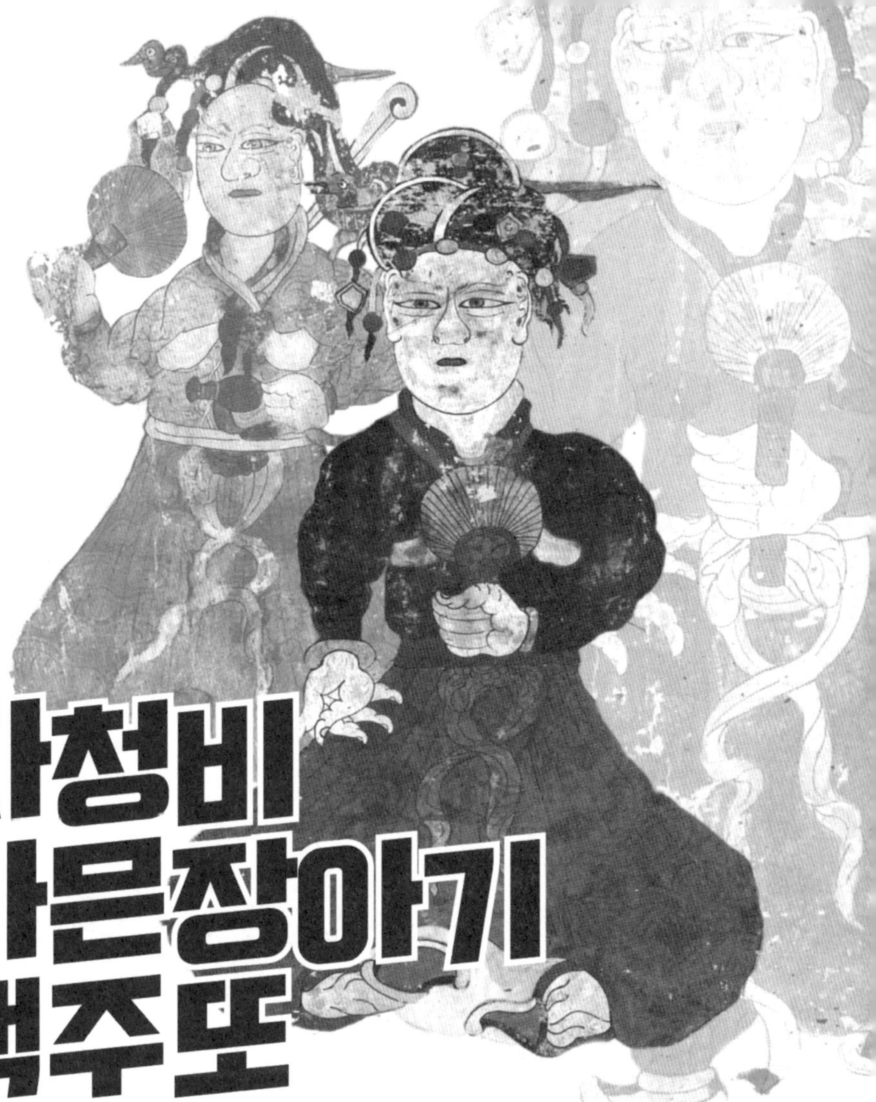

자청비 가믄장아기 백주또

—제주신화 그리고 여성

글 김정숙

GAK

차례

들어가며　　　　　　　　　　　　　7

제주여신의 원형　남성지배 여성순종에 대한 위반과 전복　13
제주신화 읽기
제주의 자연환경과 신화
제주여신의 원형

자청비　여성적인 너무나 여성적, 인간적인　　65
자청비신화
자청비 원형
자청비 여성

가믄장아기　전도된 가치들에 대한 저항　　107
가믄장아기신화
가믄장아기 원형
가믄장아기 여성

백주또　배타적이지 않은 어머니, 땅 가르고 물 가르는 아내　　133
백주또신화
백주또 원형
백주또 여성

원강아미 이른바 여성적인 가치의 독사와 패러독스 155
원강아미신화
원강아미 원형
원강아미 여성

강림의큰부인 이타적인 포용력과 계산된 순종 사이에 175
강림의큰부인신화
강림의큰부인 원형
강림의큰부인 여성

노일저대구일의딸 디오니소스적인 파괴와 해체 사이에 201
노일저대구일의딸신화
노일저대구일의딸 원형
노일저대구일의딸 여성

다시 신화를 읽으며 227

발문
참고 문헌

들어가며

 태초의 사람들은 자연현상이나 우주와 인간 본성에 대해 끊임없이 귀를 기울였을 것이다. 따뜻한 기운이 드는 듯 하더니 파릇한 싹이 돋고 좀 더워지나 싶더니 열매가 맺히고 소슬소슬 추워지는가 했더니 모든 것이 생육을 멈추고 땅은 죽은 듯했다. 절망하고 있노라니 신비하게도 다시 따뜻해지고 싹이 돋았으리라.

 그들은 아이들이 어떻게 탄생되는지에 대해서도 몰랐을 것이다. 수정과 임신에 대해서도, 자신들의 유한한 삶에 대해서도 몰랐을 것이다. 그들은 눈을 마주치거나 따스한 바람이 불어와서 혹은 기둥을 세 바퀴 돌거나, 해 그림자에 의해서 아이들이 태어나는 것으로 생각했을 것이다.

 태초의 사람들에게 이 자연환경과 우주의 섭리들은 신비롭고 충격적으로 다가오는 의미심장한 타자였을 것이다. 그 어떤 규정도 허락하지 않으면서 다가오는 이 타자들에게 눈을 동그랗게 뜨고 세밀하게 관심과 애정을 집중시켰을 그들을 상상하는 것은 어렵지 않다. 그 타자들에게 저항하면서 또 이해하고 극복하면서 깨우쳐 가는 과정에서의 노력들, 발견하고 구성한 합리적인 예측들, 그 속에서 얻어진 희망과 절망, 그 조화와 배반의 이야기들이 바로 신화가 아닐까 한다.

　3, 4월이 되면 봄이 오고 봄이 되면 싹이 돋는 것을 우리들은 선험적으로 안다. 한겨울에 달력의 7, 8월을 보면서 다음 여름의 계획을 짠다. 우리들은 이미 모든 타자들에 대해 잘 알고 있다고 생각하며 내 안에 규정되어진 모습으로 나와 관계시킨다. 아니면 내 욕구와 의도대로 타자와 관계한다. 내 안에 이미 규정된 타자들은 '나'이지 더 이상 나에게 의미심장하게 다가오는 타자가 아니다. 조심스럽게 그들을 바라보고 느끼고 받아들이지 않는다. 무관심하다.
　세상이 이렇게 불운하게 된 것은 이 무관심 때문일런지도 모른다. 나, 우리가 아닌 타자들에게, 다른 지역에, 우리나라에서 일하는 필리핀 사람들에게 우리는 무관심하다. 지배 권력은 피지배 민중의 삶에, 남성들은 여성들에게, 기성세대는 신세대들에게 무관심하다.

　이제 우리들은 태초의 사람들이 그들에게 주어진 자연환경과 인간이라는, 타자들에게 가졌던 끊임없는 관심들, 이해하고 예측하고 싸우고 조화시키며 절망하고 희망해 나갔던 모습들을 빌려와야 할 시점에 이른 것 같다.

　그렇게 신화를 읽어보고 싶었다. 끊임없이 이타성을 부정하고 소외시키는 현실과 관계들에 좀 더 인간적인 또 하나의 다른 모습과 관계의 입김을 불어넣고 싶었다.
　이제껏 과학과 객관성이란 이름들에 의해 무시되어 온 신화적 상상력들을 통하여, 이성과 삼단 논법의 논리들에 의해 폄하되어 온 인간 감성의 고리들도 함께 중시하면서, 수십 권 이상 쏟아져 나오는 그리스신화에 비추어 하찮은 것으로 무시당해온 제주신화를 가지고, 남성중심의 역사 속에서 늘 배제당했던 여성들을 통해, 모든 소외되어 온 것들을 통해 새롭고 다른 모습과 관계를 찾고 싶었다.

 제주도 신화 속의 여신들 그리고 이 원형들과 상호 교감을 나누었던 제주도의 여성들은 그 '다른 관계'의 입김을 불어넣을 수 있으리라 여겨진다.

 언제나 개별적이고 환상적인 것으로 이야기되는 신화 역시도 과학이 가지는 엄밀함과 객관적인 요소와 계기들을 동반한다는 점을 제시하는 것이 이 글에서 처음 애쓰는 부분이라면, 그런 역사적이고 사회적인 맥락 속에서 인간으로서의 평등을 위한 담론들을 뽑아내 보는 것이 중심 화두가 될 것이다.

 한반도는 전 국토가 만신전萬神殿이라 할 만큼 신으로 가득 찬 나라이다. 그 중 제주도는 1만 8천 신이 있다고 하여 '신들의 고향'으로 불리는 섬이다. 그런데도 우리들은 '신화'하면 대뜸 그리스로마신화를 떠올린다. 여신 아테나나 비너스를 모르는 사람은 없다. 여성들의 화장품, 의약품, 가게의 상호, 그 모든 것들에 서구 신들의 이름이 애용되고 의식, 무의식적으로 우리의 일상적 삶에 호명되면서 영향을 미치고 있다. 그들은 신화를 가지고 사람들을 끌어 모으며 그들의 삶과 문화를 이해시키고 자랑한다. 그리스 로마 신들은 이미지로 또 실재로 삶 속에서 다양한 모습을 구현하는 존재가 된다. 예술가들은 신들의 조각상을 세우고 시인은 시로써 찬미하며 소설과 영화의 주요한 모티프로도 사용된다. 카타르시스를 통하여 삶의 위안과 예지를 얻기도 하고 학문의 심화를 위해 사용하기도 한다.

　사실 그리스신화는 집단적 무의식이 추구한 공리나 보편적 근거로서의 사회의 지표보다는 인간의 감정과 욕구라는 개인적 이미지들을 더욱 확장시켜 왔다.

　최근 오랫동안 억눌려져 있던 개인의 본능과 감성이 중요시되면서 그리스신화는 마치 TV 드라마나 광고와 같이 우리를 유혹하고 장악하면서 가는 곳마다 회자되고 있다. 규제와 억압의 기제들만이 만연한 가운데 별다른 출구가 없는, 불평등이 고착화된 사회구조 속에서, 닿는 것마다 보석이 되게 하는 미다스의 손은, 아프로디테의 자유로운 성적 표현은, 푸쉬케의 순결한 사랑은 우리를 숨쉬게 한다. 답답한 현실에 대한 유희, 위안과 대리만족의 카타르시스로 TV 드라마에 빠지듯 그리스신화를 읽고 있는 것이다.

　재구성의 과정, 해석과 가치창조의 과정과 성과가 일천한 우리에게서 헬레니즘의 오랜 역사 속에 탄생된 비너스나 아테나의 세련된 이야기를 기대하는 것은 힘든 일일지도 모른다. 그러나 그리스신화가 문학적 원전으로 사랑과 전쟁의 로망스로 귀결되어 버렸다면, 제주신화는 사회맥락적, 현실개혁적인 시대정신들을 내포하고 있다는 점에서 그리스신화와는 다른 중요한 의미와 가치를 가질 수 있다.

　특히 여성성의 회복이라는 면에서 볼 때 제주신화에는 대부분의 신화에서 보여주고 있는 남성지배-여성순종이라는 익숙한 질서에 대한 위반과 전복의 행위들이 심심치않게 나타나고 있어 주목을 끈다. 오히려 남녀, 더 나아가 인간평등의 모습들이 신화 속에서 자연스럽게 나타나고 있어 자유와 평등에 대한 추구와 실천이, 제주신화가 그렇듯, 제주라는 사회 집단 내에 오래도록 내재되어온 역사적인 정신성임을 확인받을 수 있기도 하다.

별다른 욕심은 없다. 자청비가 누구야, 가믄장아기가 누구야? 우선 소문이 났으면 좋겠다.
필자의 개인적인 바람으로 끝나버릴 수도 있겠지만 〈자청비의 코〉라는 이름의 여성용품점, 〈백주또의 아이사랑〉 아동전문용품점, 〈가믄장아기〉라는 이름의 벤처기업, 〈원강아미 노래방〉같은 상호들이 생기고, 이 제주의 여신들을 통하여 우리의 인식과 이야기들이 새롭게 시작되고 다양하게 거듭되기를 기대한다.

송성대의 「문화의 원류와 그 이해」와 진 시노다 볼린의 「우리 속에 있는 여신들」, 현용준의 「제주도무속자료사전」, 문무병의 「제주도 열두본풀이」, 이 네 권의 책은 환경, 문화, 신화, 여성을 가지고 이런 글을 쓸 수 있게 하는 데에 큰 계기가 되었다. 물론 제주를 사랑하고 문화에 관심을 가지는, 여성인 필자가 늘 부딪히는 문제들이 바탕이 되었다.
각 지역들의 신화에 대한 책들, 문화관련 서적, 여성학 서적들에게서도 좋은 안내를 받을 수 있었다.
개별 신화의 줄거리들은 현용준의 「제주도무속자료사전」과 문무병의 「제주도 열두본풀이」에 채록되고 현대어로 번역된 것을 가능한 큰 움직임 없이 필자가 재구성했다.
자청비, 가믄장아기, 백주또 등과 함께 강림의 큰 부인, 노일저대구일의 딸 등은 신화 속 여신의 이름이다. 필자는 이를 고유명사로 간주하여 강림의큰부인, 노일저대구일의딸, 과양생이처 등으로 붙여쓰기를 하였다.

페미니즘과 여성주의, 남성과 남자, 여성과 여자 등의 용어는 전문적인 구분의 과정을 거치지 않고 문맥에 따라 필자의 필요대로 사용하였음도 밝혀 둔다.

김정숙

제주여신의 원형

제주여신의 원형
남성지배 여성순종에 대한 위반과 전복

제주신화 읽기

신화 읽기

모든 문화의 심층엔 태고의 신화가 잠들어 있다. 그러나 특수한 정서적 의미를 가지는 궁극적인 인간 경험의 오래된 유형으로서의 신화는 합리주의와 실증주의라는 철학체계가 모든 것에 대한 절대적인 인식방법으로 세상을 지배하면서 철저하게 폄하되었다. 이미지와 그 의미에 대한 신화적 지식들은 증명, 증거, 관찰의 지식과 논리에 밀려 홀대되어 왔고 이성, 실증, 법칙과 이론, 논리에 경도되어 있는 많은 지식인들은 여전히 신화연구를 통하여 어떤 언표와 규칙을 얘기하는 것을 비논리적이며 우스운 것으로 생각한다.

그러나 사물 혹은 대상의 실증성, 합리적 추론, 기계적인 역사적 사건들만을 신성시하는 합리주의, 실증주의 이데올로기만으로 중층적인 세계와 인간관계를 설명하는 것은 역부족이었다. 인간의 역사가 '이성적 인간, 진보의 역사'라는 믿음대로 작동되지 않았음도 물론이다. 우리가 믿었던 합리적인 이성의 힘이 인간이 지향하는 진보의 개념과 동일한 것이었다면 세계대전의 천박한 욕망, 인종과 소수민족에 대한 차별, 여성차별 등의 그토록 비참한 일들이 이처럼 활개를 치며 다닐 수는 없을 것이다. 인간의 이성과 그에 의한 진보를 꿈꾸는 프로메테우스가 신에게서 불을 훔쳐온 벌로 매일 독수리에게 간을 쪼아 먹히게 되듯 인간 이성의 절대적인 신비화는 인간의 간을 망치는 절대적인 피로와 영양의 불균형을 만들어 놓고 있는 것이다.

인간에 대한 진정한 이해는 인간에게 주어진 또는 보이는 세계와 드러나지 않는 세계를 동시에 앎으로써 가능한 일일 것이다. 사람을 안다는 것은 그 사람을 구성하는 객관적인 물리적 특성을 아는 동시에 그 사람의 친절하지만 고집스럽기도 한 주관적인 특징을 안다는 것이다. 인과과정에 결속된 물리적인 365일을 살아온 것 이상으로 종잡을 수 없었던 그 사람의 어떤 순간을 아는 것이 그 사람에 대한 이해에 필수적일 수 있다. 신화는 바로 이 드러나지 않는 세계, 상상력의 세계, 정신 현상의 세계를 설명해 준다. 이런 점에서 신화의 세계, 상상력의 세계는 인간 현상의 분석과 이해를 더욱 풍부하게 하는 고리들을 잡아내는 계기가 될 수 있다.

과학과 신화가 대립적인 지점에 놓여진 것만은 아니다. 이미 신화는 과학적이고 구체적인 세계의 기제들 속에 포함되어 있고 또한 그 기제들과 동시에 작동되고 있다.

오히려 과학은 신화의 가장 큰 생성 주체가 되어 왔다. 세계 각 민족이 아무런 구체적인 프로그램 없이도 뗀석기(구석기)를 사용하고 수렵과 채집 생활을 했던 것과 마찬가지로 신화의 발생은 삶과 같이하는, 인류가 가지는 보편성이다. 경험과 상상력들이 그들이 획득한 과학적 단초들과 결합하면서 뗀석기, 간석기를 사용하게 하고 수렵과 채집생활에서 점점 농경생활로 옮겨가게 하듯 신화 역시 이런저런 과학적 단초들과 상상력의 결합물이기도 한 것이다.

아날학파의 페르낭 브로델(Fernand Braudel)은 역사를 정치적 사건 같은 짧은 시간에 걸쳐 일어나는 역사, 상당한 기간에 걸쳐 변화하는 경기변동과 같은 중기지속의 역사, 그리고 장기적으로 거의 변하지 않고 계속되는 기후나 지리 등의 자연적 조건과 그것에 의해 오랜 기간 형성된 관습이나 의식구조 같은 장기 지속의 역사로 구분한다.

그는 사회나 문화의 연구들이 '장기 지속 기간'보다 '단기 지속 기간'의 연구에 초점을 맞추고 있다고 비판한다. 그러면서 그는 단기지속의 이데올로기적, 정치적 논쟁 등은 전면적으로 부각되지만, 그 사회를 설명해 줄 수 있는 가장 중요한 열쇠는 일상의 구조와 같은, 그 근본에 있어 거의 불변하는 장기지속의 흐름과 경향이라고 한다. 결국 그는 장기 지속의 역사, 즉 거의 변하지 않는 기후나 지리 등 자연적 조건과 그것에 의해 오랜 기간 형성된 관습, 의식구조 등을 구체화하고 사회학적 관점에서 평범한 사람들의 의식주 문제를 연구함으로써 역사가 구조와 규칙성이라는 틀을 가지고 제대로운 종합을 이룰 수 있다고 주장하는 것이다.

신화에 대한 연구, 신화의 원형에 대한 연구는 브로델이 지향하는 연구의 하나일 것이다. 기후나 지리 등 자연적 조건과 함께 형성된, 그 사회의 사회문화적 지형에서 가장 밑바닥, 융이 집단무의식이라 부른, 신화와 신화적 사유들은 브로델이 말한 장기지속의 역사다.

신화는 시대적으로나 공간적으로 또 개별적·집단적으로 여러 맥락과 조응하면서 로고스와 접합되고 그러면서 또 각각의 다른 체험을 만들어 낸다. 해당 구성원의 정신적 뿌리로서의 신화적 사유는 개인적이면서 집단적인 체험이며, 통시적이고 동시적으로 존재하는 것이다. 신화는 '시간'과 '공간'에 특수하게, 개체적으로 존재하면서 동시에 그것들을 초월하는 인간의 보편적 경험이기도 하다. 사실 신화는 이러한 여러 맥락 속에서 그에 조응하며 형성되었기 때문에 논리적이고 과학적인 부분을 가질 수밖에 없다.

신화를 참다운 의미에서 이해한다는 것은 단순히 이야기라는 서사문학 차원의 문제로 이해하는 것만이 아니다. 노엄 촘스키가 말했듯 모든 형태적 구조의 총체들 뒤안에는 서로 상이하고 철저히 불가지론적으로 보인다 하더라도, 번역을 가능하게 하는 그 어떤 토대가 존재한다면 신화는 바로 그 토대가 될 수 있을 것이다. 신화는 마치 헤파이토스가 바람난 아프로디테를 보다 정확히 보기 위하여 쳐 둔 보이지 않는 청동 그물처럼 사회를 훨씬 더 본질적으로 드러낼 수 있는 의미망인 것이다.

'지금, 여기에 여성으로 살고 있는 나'는 과거와 현재, 저기와 여기 또는 남성과 여성이라는 맥락들 속에서 구성되는 '나'이다. 맥락이라는 것은 논리적이면서 비논리적이고 또한 연속적이면서 불연속적인 현실로서, 현실에 대한 더욱 밀착된 진술로서의 로고스를 드러내게 도와준다. 신화 속의 상징들은 지금 나에게 영향력을 미치는 또 하나의 현재로 다양한 맥락 속에서 각각의 차원에 상응하는 실존적인 의미를 마련해 주는 것이다.

제주신화의 특성

신화란 어디서나 그 지리적 환경을 민감하게 반영하는 법이다. 제주도는 바람 많고 돌 많은 화산섬이다. 제주도의 신화들은 이런 제주의 독특한 자연환경을 그대로 반영하면서 제주도라는 사회의 특정한 사고방식과 생활양식을 그대로 드러내는 역사적인 문화 산물이다.

어떤 지역이든 고유한 지역성을 갖는다는 것은 지리적 환경이 서로 다른 내적 구조를 가지며 인간의 삶과 관련되기 때문이다. 인간은 환경에 적응하고 이를 극복해 가는 과정에서 지역적으로 특색 있는 문화를 만들어 낸다. 이렇게 형성된 문화는 그들에게 또 하나의 환경으로 작동되기도 한다.

독일과 그리스의 경우에서 보듯, 서로 다르게 구성되는 아프로디테를 통해서 우리는 그들의 서로 다른 사고와 다른 전통, 역사과정을 읽을 수 있다. 예로부터 관념적이고 논리발전적인 경향이 강하고 건조한 독일인의 기질과 감성에 기초하여 찬란한 예술을 발전시켜 온 정열적인 그리스인의 기질을 만나게 되는 것이다.

도이칠란드의 탄호이저 이야기에서 탄호이저는 아프로디테가 제공하는 관능적 사랑에서 출발해서 엘리자베스의 헌신적인 사랑을 통해 성숙해 간다. 탄호이저가 택한 사랑은 엘리자베스의 정숙하고 헌신적인 사랑이다. 독일에서는 도덕적이고 이지적인 사랑이 정염과 관능적인 사랑을 앞선다.

이성이 감성과 본능을 앞선다는 것이다.

반면 그리스반도에서는 그렇지 않다. 〈아프로디테의 방탕〉이나 〈파리스의 심판〉 등의 이야기에서 나타나듯, 남편 헤파이토스 몰래 정염을 불태우는 아프로디테와 아레스는 부러움의 대상이다. 그리스 최고의 미인은 안정과 권력을 상징하는 헤라나 지혜의 아테나가 아니라 외모가 아름다운 아프로디테로 결정된다. 그리스인들에게 중요한 것은 이성보다는 감성과 본능의 아프로디테다.

〈대영박물관〉에 있는 꿈의 해몽에 관한 파피루스를 보면 '커다란 고양이'를 꿈에서 보는 것은 '대풍작'을 의미하며, 이 두 어구는 매우 유사한 음소와 음절을 가지고 있다고 한다. 여기에서도 역시 고양이를 미이라로 만들어서 왕 옆에 세워두는 이집트인들의 고양이 숭배와 그런 숭배를 만들어내었던 자연적인 조건과 그들의 삶을 읽어낼 수 있다. 이집트의 자연환경, 그들의 삶과 언어체계, 그들의 집단의식이 고양이 숭배의 의미망 속에 촘촘히 농축되어 있는 것이다.

하나의 신화는 역사가 그러하듯 그냥 존재하는 것이다. 주어진 역사에서 현재와 대화하는 역사적 담론들이 역사가 되고 있듯, 신화는 대상들에 대해 세심하게 대화하면서 존재했던 그들의 세계와 현재가 서로 대화하는, 현재를 위한 확장된 시각을 가지기 위해서 존재하는 것일 때 좀더 의미있을 수 있다.

문자화의 과정이 늦은 우리나라, 그 중에서도 특히 제주도의 경우 구전에 의존하고 미신타파의 정책이 이어지면서 풍부한 제주신화는 서사의 형태를 갖추지 못하고 많이 망실되어 버렸다. 그러나 오래도록 삶의 전반에 걸쳐 중요한 기능을 담당해 오고 있고 아직도 개인적이고 집단적인 다양한 형태의 신화적 습속들이 행해지고 있다.

제주신화 즉 본풀이는 대충 세 가지로 나눌 수 있다.(본풀이라는 것은 '본'과 '풀이'의 복합명사이다. '본'은 '뿌리, 근본, 원리'란 뜻이고, 그 대상을 염두에 두고 말하면 '본'은 '신의 뿌리, 굿의 원리'를 뜻하며 '풀이'는 '해석하다, 설명하다, 진술하다'는 뜻이다. 따라서 본풀이는 신의 출생에서 좌정에 이르기까지의 내력담이 되는 신화이다.)

일반신화는 일반적인 자연현상이나 인문사상, 그리고 인간의 삶과 죽음을 관장하는 12신의 열두본풀이를 말한다. 당신화는 마을의 당신(수호신)의 내력담인데, 제주도는 어느 곳이든 마을의 시작이 당과 함께 이루어졌고 이러한 당에는 당본풀이인 당신화가 있다. 조상신화는 한 집안 또는 씨족의 수호신에 관한 것이다.

이 세 종류의 본풀이들은 발생의 근원을 달리하는 것이지만 서로를 넘나들면서 제주라는 세계를 보여주고 있다. 이 속에는 제주인의 상상력과 문화, 제주사회의 내재적인 규율과 법칙, 가치체계와 집단의식, 생활이 내포되어 있다. 내용적으로도 천지창조 신화, 영웅 신화, 재해 신화 등 세계 신화들의 보편적인 요소들을 모두 갖추고 있다.

이런 제주신화는 1950년대 말부터야 도내 학자들의 채록과 이를 근거로 문자로 정리되기 시작했다. 하지만 제주의 신화는 이집트의 경우처럼 왕권의 강화과정에 이용되거나, 일본의 경우처럼 천황을 둘러싼 일련의 신비화 과정에 신화가 의도적으로 개입되어 문자화되는 과정을 겪지 않았다. 또한 그리스신화처럼 개인적이고 문학적인 취향으로 점점 드라마화 되지도 않았다. 섬이라는 특수한 지리적 조건도 신화의 본질적인 속성과 고유성을 유지하는 데 도움을 주었을 것이다.

가장 중요한 것은 이런 신화가 오늘까지 제주도 곳곳에서 구전되고 암송되고 있다는 점이다. 지금도 당에 가면 계란 껍질과 싱싱한 사과들을 볼 수 있고 굿을 하면서 언술되는 생활행위로서 사람들 속에 생생히 살고 있다.

제주신화들은 그리스신화처럼 개인적이고 인간 감성적인 본능의 차원, 예를 들어 질투, 사랑, 행복 등 추상적인 것에 대한 신화라기보다는 마을의 형성과 변화, 농업과 목축업 또는 어업이라는 그 마을의 생산 형태와 그것들 간의 갈등, 공동체 내외의 삶의 모습과 관련되어 있는 신화다. 이럴 경우 보통 권력의 집중을 위한 여러 고리들이 직접적이고 교묘하게 얽히면서 신화 속에 반영되는 경우가 많은데 비해 제주신화는 일반 민중의 생활 그 자체를 설명하고 있는 것이어서 더욱 보배롭다.

민중의 생활과 궤를 같이 하면서 신화가 아직까지도 생활의 곳곳에서 중요한 기능을 담당하고 있다는 것은, 문자화의 길을 걸으면서 이야기만으로 미화되어 본래적 의의를 상실해버린 그리스신화나 또는 지배논리 속에 의도적으로 조작되거나 망실되어버린 일련의 신화들과는 입지가 다른 것이라 볼 수 있다.

제주신화는 개인의 감성이나 본능을 다루고 있기보다는 공동체의 질서를 확립해 가는 과정에서 갈등하는 모습이나 개인과 사회의 긴장 관계가 주를 이룬다. 이런 제주신화는 형상적 표현이나 이미지의 성취에서는 빈약하지만 삶의 제반조건에서 만들어낸 구조와 일관성이란 점에서 볼 때 무척 가치로운 점이 있다. 현실과 유리된 것으로서 신화가 존재하는 것이 아니라 그 견고한 현실을 비집고 그 속에 자리잡고 있는 것이다. 따라서 이렇게 형성된 신화 속의 행태나 캐릭터들은 충분히 사회적 속성을 표현하고 또 대표하는 것이라 볼 수 있다.

　제주신화는 우리 민족 또는 제주에서 보유했던 집단과 지역의 고유함이나 신화의 본질적인 의의를 잘 간직하고 있을 가능성이 많다. 제주신화들은 굿이라는 의식 속에 구승되면서 전래된 것들이어서, 개인적인 취미나 기호에 의하여 또는 문학적인 요소들에 의해 마음껏 가미되거나 망실되어 온 그리스신화와는 다르게, 마음대로 변화될 수 없는 집단적인 창작 전승물들이다.

　제주신화는 현실과 밀착된 신화라는 점에서 또 개인의 의지나 기호 또는 어떤 필요에 의해 함부로 달라질 수 없다는 점에서 사회와 집단을 반영하는 정직하고 객관적인 자료가 되기도 한다. 신화라는 것이 가시적인 세계의 배후를 설명하는 메타포로서 사회현상의 분석과 이해를 위해 활용할 수 있는 중요한 틀이 될 수 있다면 제주신화는 여기에 가장 합당한 경우가 될 수 있으리라 본다.

　결국 우리는 제주신화들을 통하여 제주도의 여러 습속들과 심성, 강인하고 부지런하며 무뚝뚝하다는 제주여성들의 특성에서부터, 애기구덕, 할망바당, 주냥정신, 집단 내혼의 풍습, 겹부조의 관습, 노인들의 생활, 부부 중심의 가족 형태, 여성들의 직접적이고 다양한 경제활동의 참여와 그로 인한 여성의 상대적으로 높은 지위, 높은 이혼률, 상대적인 딸 선호의 사상 등을 읽어 낼 수가 있는 것이다.

제주의 자연환경과 신화

자연환경은 삶과 유기적으로 관련되어 있다. 인류는 그들이 처한 자연환경에 따라 각기 다른 문화를 창조한다. 각각의 신화는 인류가 서로 다른 자연환경으로부터 획득한 경험의 산물이라 할 수 있다.

곡식을 신으로서 의인화하는 소박한 사고방식은 세계 각지의 농경민족에게서 찾아볼 수 있다. 인도네시아 사람들은 벼에도 인간처럼 영혼이 깃들어 있다고 믿고 있다. 그래서 인간에게 보이는 존경과 배려를 벼에게도 보인다. 유럽에는 밀의 어머니나 보리의 어머니가 있고, 아메리카에는 옥수수의 어머니가, 동인도 군도에는 쌀의 어머니가 있다.

자주 비교되는 바이지만 메소포타미아나 이집트의 자연환경은 그들의 문화와 생활 정신에 막대한 영향을 미쳤다. 서기들이 살았던 자연환경이 상형문자의 기호들을 결정하였고 이집트의 생명과 번영의 원천인 나일강의 관리는 그들의 문화창조의 개념과 내용에 막대한 영향을 미쳤다.

이집트가 고왕국, 중왕국, 신왕국의 단일하고 안정된 정치 하에 살아갈 수 있었던 반면 메소포타미아는 동일한 그 시대를 수메르, 아카드, 바빌로니아의 패권시대, 앗시리아, 페르시아의 침략, 그리스에 의한 헬레니즘화, 아랍화를 거치며 수많은 국가들이 세워지고 사라지는 시련의 과정을 겪었다.

강수량이 극도로 부족한 메소포타미아 땅에서 인공관개와 배수는 절대적 사항이었다. 따라서 메소포타미아는 아주 오래 전부터 안전이라는 기본적인 이점을 가지면서 동시에 많은 노동력이 있고 또 집중적이고 중심적인 수로망의 조직과 관리를 가능케 하는 도시적 기반을 중심으로 생활하였다.

이런 메소포타미아에서 현실은 늘 두려운 것이었다. 많은 전쟁의 위협 속에서 죽음을 받아들일 수밖에 없는 상황, 정기적인 물의 공급으로 한 해에도 여러 번의 수확을 거두지만 그렇게 이룬 도시의 번영마저 언제 사라져버릴지 모르는 위협과 긴장에 늘 시달려야 했다.

메소포타미아의 신화들은 도시, 자연환경을 중심으로 일어나는 자연재앙과 외부에서 쳐들어오는 적들과의 전투, 그런 삶들에 대한 회한, 젊음의 추구, 죽음에 대한 두려움, 안전하고 평화로운 생활에 대한 희구 등의 내용이 주를 이루고 있다. 싸워야 하고 이겨야 하는 류의 짧은 메시지를 담고 있는 경우가 많다. 메소포타미아의 신들은 매일 전쟁에 나가고 도시를 수호하고 수로를 정비하는 일로 피곤에 찌든다.

외부로부터의 침입에 노출된 개방된 지형, 또 엄청나게 부족한 물에도 불구하고 갑작스레 찾아오는 홍수의 피해로 인해 메소포타미아에서의 죽음은 언제나 잔혹하게 쓰러지는 것이었다. 잠자는 자와 죽는 자가 비슷할 만큼 죽음은 도처에서 아무렇지도 않게 일어나는 것이었다. 전쟁과 홍수는 아무것도 남기지 않는 죽음과 같은 것이었다.

이것은 메소포타미아인들에게, 사후 세계에 대한 믿음이 없는 현세관을 만들게 했다. 이집트에는 많은 매장도시들이 있었고 죽음과 매장에 관련된 의식과 제도가 화려하게 나타나고 있지만 메소포타미아에는 그 흔한 공공묘지도 존재하지 않았다고 한다.

반면 고대 이집트에서, 신화는 단순히 신성한 존재의 신비스런 이야기로 그치지 않고 군주가 강력하고 절대적인 지배를 하는 데 결정적인 역할을 했다. 왕은 신성시되었으며 신화는 곧 왕들의 이야기였고 신화를 기술하는 서기들까지 왕으로 오른 경우가 있을 만큼 신화가 가지는 영향력은 대단했다.

메소포타미아와는 달리 이집트는 나일강의 정기적인 범람이 만들어내는 넓고 비옥한 토지를 가지고 있었다. 지중해와 홍해, 사막에 의해 둘러싸인 자연환경은 외부의 침입을 받지 않고 안정적이고 풍요로운 생활을 영위할 수 있게 했다.

이런 이집트에서는 현세의 안정된 풍요로움이 내세에 대한 지극한 희망으로 이어지는 내세관을 발달시켰다. 풍요 속에서의 안정된 생활과 강력한 왕권을 신화 속에 반영시키게 된다.

자신들이 이루어 놓은 현실적인 풍요에 대한 찬양, 이것은 창조신의 운명론을 거부하고 인간의 정신과 능력을 찬양하는 것이다. 이런 그들의 사고는 신화의 세계에도 어김없이 반영된다. 그들은 멤피스의 신 프타(Ptah)가 아툼을 포함한 다른 신들을 그의 혀와 가슴으로부터 만들어 냈다고 생각한다.

가슴 속의 생각과 혀로부터의 말이 모든 팔다리의 행동을 결정하는 이집트의 이성주의가 탄생되는 것이다. 이 이성주의는 세계의 다른 신화 대부분이 인간세계가 탄생되기 전 우주의 상태를 어둠과 혼돈의 카오스 상태로 제시하고 있는 반면, 이집트신화에서는 기본적인 중심의 힘과 질서를 가진 그 무엇인가가 이미 존재하는 것으로 표현하게 하였다.

현실의 삶이 죽음 속에서도 계속되는 것, 즉 죽어서도 사는 것이 그들이 가지는 절대의 희망이었고 과제였다. 왕들은 자신의 무덤을 거대하게 지었으며 그들의 신체는 사후에도 미이라가 되어 영구 보존되었다. 육신을 가지고 있으면, 죽어서도 현실에서의 풍요롭고 행복한 삶을 계속 이어갈 수 있다고 믿었던 것이다. 무덤 속에는 영혼이 다시 깃들었을 때 필요할 음식,

의복, 화장품, 필기도구, 가구 등 생활에 필요한 모든 것, 그들을 운반할 배, 동물, 부적까지, 현세 삶의 모든 것들을 부장했다. 죽음 속에도 그들은 그들의 집과 가족, 풍요로운 도시를 세웠고 이 도시들을 지배하는 영광이 계속될 것을 염원했던 것이다.

이집트의 고온건조한 사막바람은 그들의 내세관, 그들의 염원을 상당부분 이루어 주었다. 건조한 사막의 바람은 죽음의 공간인 피리미드 내에서 사람의 신체와 함께 부장한 모든 것을, 썩어버리기 전에 말라붙게 하여 영원히 존재하게 해 주었다. 생산되는 모든 곡물들을 지켜주었던 고양이까지도 이렇게 미이라로 보존되었다. 죽어서도 그들은 현실의 풍요로운 도시를 세워냈다.

이 모든 것들은 이집트의 자연환경과의 유기적인 연관 속에서 탄생된다. 나일강의 주기적 범람이 가져다 주는 풍요, 사방이 바다와 사막으로 둘러싸여 약탈과 전쟁 없이 그 풍요로움을 지키게 해주었던 자연환경은 찬란한 현재의 삶을 영원히 꿈꾸게 하는 그들의 내세관을 발달시켰다.

사막의 종교들은 돼지를 먹지 말라고 한다. 스텝이라는 덥고 건조한 중동지역에서 돼지의 사육은 위협적인 투자가 된다. 돼지는 초원의 풀을 무리지어 차근차근 뜯어먹지도 않고 다섬유질을 소화할 능력이 있는 초식동물도 아니다. 더구나 고온에 약하여 37℃의 기온에서 직사광을 받으면 열사하는데, 하물며 43℃ 이상의 기온과 직사광이 있는 열대 스텝지역에는 절대 적합한 동물이 아니다.

이런 서열건조의 기후에서 그늘이 있는 집을 짓고 기온을 조절해 주고 사람이 마시기에도 부족한 물과 사료를 주면서 돼지를 사육한다는 것은 합리적인 행동이 아니었다. 또한 이렇게 키운 사치품인 돼지를 먹는다면, 부유한 일부 소수일 것이고 이것은 강한 결속력을 요구하는 사막이라는 환경에 집단간의 위화감과 갈등을 초래할 수 있다. 이렇게 해서 돼지 혐오나 거부의 문화가 탄생된 것이다.

열대라는 기후 조건도 가축의 사육에는 적당하지 않다. 그러나 돼지는 물과 그늘이 있는 다습한 삼림 속에는 가장 알맞은 가축의 하나였기 때문에 뉴기니아에서는 돼지를 식구로 생각하여 이야기도 하고 이름도 지어주고 껴안아 주기도 하는 돼지 숭배 문화를 보여주기도 한다.

힌두교에서의 소 숭배도 마찬가지다. 인도의 암소는 '어머니 암소'로 숭앙된다. 그들은 소의 이름도 지어 부르고 이야기도 나누고 꽃과 술로 소를 장식하기도 한다. 외부의 사람들은 인도 사람들이 이렇게 소를 숭배하다보니 정작 자신들은 빈곤과 기아에 허덕이고 있다고 얘기하지만 이는 잘못된 생각이다.

인도의 북부는 건조한 기후이다. 데칸고원은 사바나 기후이고 남부 지역은 열대몬순의 이질적인 기후 분포를 보여준다. 인도의 혹소들은 이런 인도의 자연조건에 가장 잘 순화된 토종 소이다. 이 소들은 유럽의 소와는 달리 조금만 먹고 한발에도 잘 견디며 낙타처럼 혹에 에너지를 저장하고 있어 사료나 물이 없어도 오래 견딘다.

당나귀나 노새, 낙타는 5, 6월이면 37℃를 넘는 더위를 견뎌낼 수 없고, 물소는 딱딱한 밭에서 발이 꺾여 맥을 못춘다. 그러나 서열의 건우기가 뚜렷한 인도의 자연환경에 순화한 이 인도의 토종소는 딱딱한 밭에서는 물론이고 물이 흐느적거리는 수전에서도 강한 운반력을 가지기 때문에 그들의 농경에 다른 어느 동물보다 적합했다. 뿐만 아니라 소는 고기와 가죽을 제공해 주고 똥까지도 비료나 건축 재료 또 훌륭한 연료가 되는 은혜로운 동물이었다. 더군다나 인도의 몬순은 불규칙하기 때문에 몬순의 주기가 정상화되었을 때에 맞추어 농경을 하려면 소를 잡아먹지 않고 남겨두어야 더 많은 사람을 아사에서 구할 수 있었다. 이런 점들이 소를 숭배하는 문화를 만들어 낸 것이다.

자연환경이 문화와 유기적인 관련을 맺고 있음은 주지의 사실이지만 황당한 이야기라고 인식되는 신화가 이렇게 합리적이고 객관적인 과학이기도 한 것이다.

이외에도 비교적 단순하게 그들에게 속했던 자연환경과 신화와의 유기적 관련이 신화에 반영되는 경우들이 많다.

게르만 민족들은 본거지가 독일이나 북해 연안의 저지대(오늘날 베네룩스를 총칭), 그리고 스칸디나비아 반도의 추운 나라들이었기 때문에 봄과 관련된 신화에 상당한 중요성을 부여했다.

그들 신화 속에서 스카디는 젊은 여자였는데도 머리칼이 노파처럼 눈부시게 희었고 손은 어찌나 차가운지 사람에게 닿기만 해도 목숨을 잃을 지경으로 묘사된다. 그들에게 추위란 극복해야 하는 가장 어려운 것 중의 하나였다.

이둔과 스카디의 이 이야기에는 자신들에게 주어진 자연조건에 대한 애틋한 묘사가 있다. 봄의 여신 이둔을 비롯한 많은 신들이 매서운 폭풍의 거인인 스카디의 아버지를 죽이자 스카디는 이둔에게 아버지의 죽음에 대한 배상을 요구한다. 그러자 스카디에게는 신들을 일렬로 세워놓고 그 가운데서 남편을 고를 수 있는 기회가 주어지게 된다. 비로소 스카디의 눈이 가려지고 정렬해 있는 신들의 발만을 볼 수 있도록 조처가 취해지는데, 그녀의 마음을 사로잡은 두드러지게 예쁜 발 한 쌍은 바로 바닷바람의 신인 요르드(Njord)의 발이었다. 그녀는 그를 사랑하게 되었고 둘은 결혼을 했다.

피요르드는 노르웨이의 해안에 펼쳐진 빙식해안 지형이다. 마치 발가락처럼 긴 협곡이 펼쳐져 있는 노르웨이의 해안을 상상하면서, 자연에 대해 충만한 애정으로 살아갔던 사람들을 느낀다는 것은 참으로 따스한 일이다.

문화는 '인간화된 자연', 즉 자연환경에 대한 인간의 정신적, 물질적 표현이다. 따라서 제주도의 자연환경 역시 제주도의 문화를 읽어내는 가장 중심적이고 기본적인 단초가 된다. 제주도 신앙이 다른 지역과의 차이를 보여주는 것도 기본적으로는 이에 기인한다고 볼 수 있다. 특히 제주도처럼 공간적으로 고립된 섬 지역인 경우 자연환경의 영향은 보다 직접적인 것이 될 수 있을 것이다. 제주의 무속신앙은 일반적으로 몇 가지 특성을 보여주는데 이것들은 맞물리면서 서로 영향을 준다.

척박한 '뜬땅'에 사는 사람들 – 신들의 고향

'일만 팔천 신들의 고향'이라고 불려지는 제주도는 무속신앙이 특히 성행한 지역이다. 이처럼 제주도가 다른 지역에 비해 무속이 성행한 것은 불리한 자연적 조건에 의한 생활고에 그 중요한 요인이 있다.

제주도의 토양은 대부분 화산회토다. 토양 속에는 화산암괴들이 들어 있다. 곳곳에 화산암반의 노두가 나와 있어 경지를 잘게 나누어 버린다. 함수율이 낮은 화산회토를 제주사람들은 '뜬땅'이라 부르는데 이는 척박함의 상징이다.

 뜬땅에서 제주사람들은 논농사에 비해 훨씬 생산력이 낮은 밭농사를 할 수밖에 없었다. 척박한 화산회토에서의 밭농사는 다량의 거름을 필요로 했다. 고온다습의 기후는 더욱 빨리 성장하는 잡초와 싸우게 했고 많은 자연재해는 곡식의 수확에 지장을 주었다. 이런 수확에 대한 어려움과 불안은 해산물의 채취와 판매를 위해서, 저승길을 들락날락 하는 것 같다고 표현되는 위험한 바다로 제주사람들을 나가게 했다.

 이런 척박한 땅에서 제주사람들은 '통시'에서 똥돼지를 기르고 좋은 거름을 만들어 시비하는 리싸이클링의 지혜를 배워나갔다. 불리한 자연환경은 물살이 센 바다를 헤쳐나가기 쉽도록 스케이트 구조의 덕판배를 만드는 과학성을 발현하게 했다. 또 즈냥정신이라 불리는 부엌에서의 억척같은 절약정신, 머리에 쓴 수건을 벗을 틈 없이 뛰어다니는 부지런함, 아득히 깊은 물 속으로 뛰어드는 도전성 그리고 수눌음과 같은 공정한 협업체계와 공동체의식 등을 생활화해 나갈 수밖에 없게 하였다.

 도시를 보호하고 상업을 관장하고 포도를 잘 영글게 하는 이러저러한 인간 요구들을 반영하는 모습들이 자연스럽게 다신교의 형태로 나타났듯이 이런 척박한 자연환경과 고단한 삶을 극복하려는 한 편에서 제주사람들은 농사가 잘 되기를, 바다에 나간 남편이 무사하기를, 조를 잘 말리고 타작할 수 있기를, 풍수해로 곡식을 잃어버리는 일이 없기를, 아이가 병에 걸리지 않기를 많은 신들에게 빌어야 했던 것이다.

 이렇게 제주는 '신들의 고향', 무속신앙이 특히 성행한 지역이 되었다. 제주도에 산육 치병신이 많은 것도 제주도의 고온다습한 기후와 지질, 많은 질병을 유발하는 풍토가 중요한 요인이다. 의술의 혜택을 쉽게 누릴 수 없는 섬이라는 지역적 사정으로 인해 주술에 의한 치료에 기댈 수밖에 없었던 것이다.

'화산섬'이라는 자연환경 – 생산형태를 따라가는 당

제주는 환해의 화산섬이다. 한라산은 바다에서부터 완만한 평원을 만들면서 솟아 있다. 이러한 환경은 농경문화와 수렵문화 그리고 해양문화의 특성을 복합적으로 가지게 하였다. 즉 지리적으로 볼 때 산간에는 반농반수렵, 중산간에는 반농반목축 그리고 해안에는 반농반어업의 생산형태를 가지도록 했다.

제주도 토양의 대부분은 화산회토로, 화산활동시 분출된 화산재가 잔적하여 이루어진 토양이다. 척박함의 상징인 화산회토가 대부분인 제주도에서는 성장기간 동안 많은 물이 필요한 논농사가 불가능하여 밭농사를 할 수밖에 없었다. 인구부양력이 낮은 밭농사와 빈번한 자연재해, 섬이라는 조건 속에서 부富에 대한 기본적 추구는 제주도의 자연적 조건에 맞는 수렵, 목축과 어업의 성행을 가져왔다.

생산형태는 자연환경을 연속적으로 반영하는 가운데 이루어졌으며, 당의 직능별, 공간적 분포 역시 이에 일치된다. 신당의 입지는 제주도의 자연적 조건을 고려한 마을의 형성과 배치, 농업과 목축, 어업이 혼재되어 있는 생산형태를 그대로 반영하며, 삶과 문화를 말해주는 지표가 된다.

제주도의 산간·중산간마을은 반농반수렵, 반농반목축의 생산형태를 보여준다. 그리고 이곳에는 산신과 농경신의 직능을 가진 신들이 분포하고 있다. 반면 제주도의 해안마을은 반농반어업의 생산형태로써 해신과 농경신이 분포한다. 가장 기본이 되는 것은 농경이므로 농경신의 분포가 가장 많이 나타나는 것은 물론이다. (민속학자인 문무병은 그가 직접 조사한 250개 당에 모셔진 신의 유형을 계통에 따라 산신계 61개 24%, 농경신계 120개 48%, 해신계 53개 21%로 분류하고 있다.)

신화를 보면 주로 제주도의 산신은 수렵민적 산신에서 농경민의 산신으로 변화하면서 마을의 수호신인 본향당신이 된다. 그리고 외지에서 입도한 농경 또는 산육·치병신의 여신과 부부가 되고, 생산과 관련된 갈등을 겪으면서 별거를 하게 된다. 이런 결혼과 별거의 화소는 곧 수렵 목축 사회에서 농경 사회로의 전환과 마을의 형성, 분리 및 확산을 나타내고 있는 것이다.

해신신앙은 바당밭海田 경작지와 어장을 가진 해촌 사회의 신앙으로 제주도 당신앙에 중요한 부분을 차지하고 있다. 당은 이 해안마을에도 반드시 자연마을 단위로 1개씩은 있으며 어로작업이 있을 때 수시로 드나들 수 있도록 바다로 통하는 길목이나 바닷가에 만들어졌다.

바당밭의 풍요를 기원하는 좁수굿을 요왕굿이나 영등굿이라 한다. 이 굿의 제차 중에 〈요왕세경본풀이〉가 있는데 여기에서 세경은 농신을 말한다. 땅이 척박한 제주에서 바다는 더욱 천혜의 것으로 생각되어 '바다농사', '바당밭'이라는 말이 일반화되어 있다. 바다농사가 그만큼 중요했던 것이다.

육아 및 치병신은 마을에 따라서는 본향당 이외에 일뤠당이라 불리우는 당과 관련된다. 이는 거의 전도적인 분포를 보이는데, 주로 용왕의 딸이 제주도의 산야에서 솟아난 남신과 결합하고 돼지고기를 먹은 것이 부정한 일이 되어 추방당해서 당신이 된다는 줄거리로 되어 있다.

제주에는 마을마다 당이 있다. 마을의 시작은 당을 세우고 마을 사람들이 각각 또는 모두 같이, 당신에게 여러가지를 기원하면서 개체적으로 또 공동체적으로 살아가게 하는 중심점이 된다. 모든 본향당신은 공동체의 생활과 관련하여 수렵 목축과 같은 남성적 생산형태는 남신으로, 출생 및 산육과 치병 그리고 풍농과 같은 경우는 여신으로 그 직능이 분리되어 있는데 일발적이다.

신화에서 마을의 시작은 여신과 남신의 결혼으로 이루어진다. 이 여신과 남신의 별거, 이혼은 마을의 분리 및 확산을 의미한다. 실제 이혼이 부부의 갈등, 화합될 수 없는 성격의 차이가 계기가 되듯 신들의 이혼도 마찬가지다. 농경신, 목축신, 해신 즉 농경, 목축, 어업 생활과 문화간의 갈등과 차이가 원인이 된다. 즉 농경, 목축, 어업이라는 생산형태의 갈등, 농경문화와 목축문화, 해양문화 사이의 갈등, 유교와 무속신앙간의 갈등 등이 신들이 살림분산을 하는 이유다. 신들의 이혼은 곧 마을의 분리나 확산을 의미한다.

당의 시작과 당의 분포 그리고 신의 직능과 같은 신화의 구조들이 이처럼 마을의 자연환경을 바탕으로 한 인간의 생업, 생활문화환경과 일치하기란 쉽지 않다.

소규모의 밭농사 지역 - 마을공동체가 중심인 당

제주도의 신앙은 마을공동체의 결속을 강화하는 마을당(본향당) 신앙이 중심을 이룬다. 이는 사당이 신앙의 중심을 이루는 한반도 지역과는 확연히 다른 특징이다.

한반도 지역은 논농사 중심의 지역이다. 논농사 지역에서는 토지의 확보가 고착화되면서 대규모의 노동력을 필요로 했다. 혈족내의 많은 구성원들을 통제하고 다른 혈족과의 물꼬싸움에서도 이겨내야 하는 것이 최대의 과제였다. 이는 막강한 권력을 가진 족장이 중심이 되는 혈연공동체로서의 속성을 강하게 띠게 했다.

  결국 과거에 민족, 종족, 부락 중심이었던 공동체의식은 사라지고 대신 강력한 족장을 중심으로 한 가족중심사회, 기득적인 유리한 위치를 보전하는 혈통선별체제가 신앙에도 구체화되었다. 반상의 구별, 서자의 차별 등과 함께 가족, 가문, 혈족 등의 배타적인 일족신의 신앙인 사당이 성행하게 된 것이다.

  이것이 유교의 형식주의와 습합되면서 배타적인 가족중심주의와 남존여비, 장유유서의 가치가 숭앙시되는 가운데, 죽은 조상에 대해서는 제사중심의 숭배, 살아 있는 자손에게는 효를 표방하는 규범주의를 만연하게 한 것이다. 물론 마을의 산신당이 있기도 하였으나 이의 제의 역시도 계층별로 이질화되어 마을의 지도자격이라 할 수 있는 양반들은 참여하지 않고 서민들만 참여했기 때문에 공동체의 결속을 강화하는 체제로서 기능하는 데는 분명한 한계를 가졌다.

  반면 제주의 밭농사는 논농사 지역과는 달리 경작지가 한 마을 안에서도 땅의 상태, 용암반의 분포 및 혼합도, 고도 등에 따라 진압, 제초, 파종하는 시기가 다르다. 따라서 가문의 힘이 아니라 각각의 땅이 요구하는, 딱 그때에 맞춰 노동력을 서로 수눌어 가며 처리했다. 척박한 조건에서 자립은 필수적이었고 이 자립을 성공적으로 수행하기 위해서는 수눌음과 같은 강한 공동협력이 절대적으로 필요했던 것이다.

  한라산 무주공야의 용암평원은 노력만 하면 자기 소유가 될 수 있어 빈부의 차를 크지 않게 하였고 공동체 내의 갈등을 상대적으로 적게 했다. 물꼬싸움을 위한 일족중심의 강한 결속력도 필요하지 않았다.

제주는 여성에 대한 대우의 면에서도 그렇지만 다른 지역에 비해 경제적으로 가장 빈부의 차도 적고 사회적인 위계도 비교적 심하지 않은 평등한 지역이다. 여기에는 우선 조각조각 나누어진 소규모의 토지들이 기여했다. 척박한 토양은 여성들도 생산에 직접 참여하게 했고 이로써 여성들의 경제적인 능력이 확보될 수 있었다. 관직에의 기회는 극소수였고 농사나 사냥, 물질의 생활이 대부분이었다. 사람들은 '돌랭이'라는 소규모의 척박한 밭을 소유하여 열심히 갈아먹었다. 이런 상황에서 양반과 상민, 적자와 서자, 부자와 가난한 자, 남자와 여자의 구분이란 것은 사실상 중요한 의미를 갖지 못했다. 평등과 공정의 분위기는 제주사회의 전반적인 분위기가 되었던 것이다.

협업체계만 보더라도 제주의 수눌음은 한반도 지역의 두레와 전적으로 다르다. 가입과 탈퇴의 자유가 없이 모든 가족들이 그 구성원이 되는 두레와는 달리 수눌음은 한 집에서 청장년 한 사람씩으로 구성되는 자유로운 협업의 구조였다. 식구가 많아 가족 노동력만으로 충분한 집은 수눌음에 가입할 필요가 없었다.

돈이 많거나 양반의 집을 우선으로 먼저 노동을 해 주어야 하는 두레는 논농사 지역에서 심한 불평등의식과 손해를 강요했다. 그러나 한 마을 안에서도 진압시기, 제초시기, 파종시기, 황숙기가 달라지는 제주의 밭농사는 양반이나 돈과 같은 기준으로 순번을 정할 필요 없이 밭의 상태가 요구하는 시간에 수눌어가며 협업을 할 수 있었다.

소규모에다 척박하고 많은 수고를 요구하는 뜬땅의 밭은 결국 평등의식과 여권의 신장, 공정성을 선물해 주었다.

이런 점은 신들의 세계에도 그대로 반영된다. 모든 신들은 마을의 본향당 신으로 추앙되며 많은 신들은 어느 한 신에게 예속되어 버리거나 사라져 버리지 않는다. 나름대로의 역할을 가지고 있을 뿐이다. 상하의 엄격한 위계질서도, 남신이 숭상되는 경향도 없다.

제주신화에는 '아들 간 데 18, 딸 간 데 28, 손자 간 데 378'이라 하여 '가지 가른', 즉 마을의 설촌과 분리 및 확산이 표현되고 있다. 이것은 아들과 딸, 심지어는 손자손녀까지도 각 마을의 모든 사상을 관장하는 당신으로 좌정하게 함으로써 누구에게나 평등했던 제주의 의식과 구조를 읽을 수 있게 한다. 아들과 딸, 손자손녀들은 차별되지 않는다. 장자상속의 의미도 없다. 아버지와 어머니, 아들과 딸, 손자손녀들은 수평적 평등이동을 한다.

제주가 정착농경사회에 접어들고 마을이 형성되는 과정에서 성립된 본향당은 마을의 중심이었고, 남녀노소 누구나 평등하게 제의에 참여하는 마을공동체의 성소가 되었다.

신당의 변화를 보면 일부의 당은 자기 집안의 조상신적인 관념을 잃어버리기까지 한다. 집안만의 신앙에서 오히려 마을 전체의 신앙으로 바뀐 것이다.

한편 그렇게 형성된 평등의식은 신들의 세계에도 나타나 하늘에서 강림하는 위계적인 수직적 강림의 형태보다는 바다나 상상의 타지에서 내도하는 비위계적인 수평적 내방신앙이 농후하게 나타나는 신출현관을 보여준다.

제주의 신화들을 보면 마을의 설촌, 마을의 유지와 공동체의 정서와 관련된 이야기들이 주를 이룬다. 이는 그리스신화와는 또 다른 점이다. 그리스신화의 중요한 이야기에 속하는 신들간의 위계가 잘 나타나지 않을 뿐만 아니라 그리스신화의 가장 중요한 구성요소라 할 수 있는 갈등적인 사랑과 전쟁의 이야기도 거의 없다.

어떤 과정으로 마을에 들어오게 되었다든지(설촌), 오곡의 씨앗을 가져와 결혼하게 되었다든지(정착생활), 농경을 위한 소를 잡아먹어 버려서 이혼하고 별거하여 다른 마을로 좌정했다든지(마을의 분리와 확산), 마을에서 어떤 직능을 가진 신으로 대접받게 되는 과정(생산형태의 구체화) 등 공동체적인 삶과 관련된 부분이 신화의 중요한 내용이 되고 있는 것이다.

환해의 화산섬이라는 척박한 자연 환경과 해당사회의 지배적 논리들의 전파가 어려운 조건들은 '미개발의 발전'이라 할 만한 삶과 문화를 구성해 내는 계기가 되지 않았을까.

밭농사를 하게 한 척박한 뜬땅, 험한 바다를 헤쳐나가야 했던 빈약한 생산성, 분산된 소유와 평등하고 개체적인 삶을 만들어 준 조각조각난 토지들, 자립을 위해서는 꼭 협업이 필요한 농사일들이 부지런하고 용감하며, 개체적이고 동시에 공동체적인, 여성의 권리 또한 상대적으로 평등할 수밖에 없는 제주의 고유성을 만들어 내었던 것이다.

불리한 자연환경은 '미개발의 발전', 즉 에코 디마크러시, 에코 페미니즘이라 할 만한, 근대를 뛰어넘는 물적, 정신적 가치들을 오래전부터 제주에 퍼뜨리게 하는 중요한 요소가 되었던 것이다.

뒹구는 사과와 계란껍질 – 민중의 삶, 일상과 함께 하는 신들

입춘날이 되면 제주의 시골 마을에서는 하루 종일 굿을 한다. 아이들은 당 입구에 모여 공을 차고, 한쪽에서는 점심 준비가 한창이다. 마을을 떠나 있던 사람들까지도 마을의 당(본향당)에 모여 기도를 하고 얘기꽃을 피운다. 남녀노소, 빈부귀천이 없다.

당에 가보면 아직도 싱싱한 사과가 뒹굴고 있고, 누가 아파서 다녀갔는지 계란 껍질이 흩어져 있다. 제주는 고온다습한 풍토적 영향으로 특히 연약한 아이들에게 피부병이 많았고, 이때마다 사람들은 당에 가서 계란을 올리고 기원을 했었다. 계란처럼 탐스럽고 매끈한 피부가 되도록 기원하는 의미에서 피부병의 치병신에게 올린 제물이었다. 제우스에게, 일본 천황의 직계로 인식되는 천조대신에게, 알라신이나 인도의 시바신에게, 더구나 21C의 오늘에도 여전히 그런 기원을 드릴 것이라고는 쉽게 상상할 수 없는 일이다.

제주의 신격은 예수 크리스트처럼 신비한 신의 이미지를 나타내는 후광을 그 표상에 도입하거나, 팔이 여럿이거나, 온 몸이 눈으로 뒤덮이거나, 머리가 여러 개인 신의 모습이 아니다. 또 지배, 지혜, 복수, 관능, 질투 등의 개념을 신에게 부여하여 인간의 모든 심성들이 찬양되고 극적으로 인간의 아름다움을 신을 통해 표현함으로써 신과 같은 동일함을 얻으려 했던 경우와도 다르다. 언제 어디서든 늘 경외되는 대상으로 있는 것도 아니고 그림으로 그려지거나 상으로 조각된 경우도 많지 않다.

신들의 세계와 마을 사람들의 생활세계는 같이 있었다. 마을에 있는 나무, 큰 돌, 바다가 내려다보이는 바위가 신이 되었다. 나무를 신의 몸으로 생각하여 거기에 물색을 걸어 놓으면서 아름다운 옷을 입힌다고 생각했고 지전과 소지를 걸어 항상 가까이 여기고 풍요로운 농사를 빌면서 일상을 같이 했다.

제주의 신들은 주로 땅에서 솟아난다. 삼승할망도 솟아난 신이고 백주또의 남편 소천국도 한라산에서 솟아난 신이다. 설문대 여신도 솟아올랐다. 전 세계에서 땅에서 솟아나는 신을 대대적으로 가지는 곳은 제주가 거의 유일하다.

제주는 화산폭발로 솟아올라 만들어진 섬이다. 중요한 물도 땅에서 솟아난다. 아이들을 키워낼 곡식도 솟아난다. 사람들은 두려운 마음으로 땅만 바라보며 살았다.

두렵고 소중한 것들이 모두 솟아나니, 두렵고 소중한 신 역시 솟아나는 것으로 자연스럽게 관념화 된 것이다. 심지어 귀하고 예쁜 아기가 태어나면 "아이고 요 아까운거, 어디서 솟아나신고!" 한다. 제주의 신들은 일상과 친밀하다.

제주신화가 일상과 친밀하다는 점은 천지개벽신화라 할 수 있는 〈천지왕본풀이〉에서도 나타난다. 처음 천지왕에 의해 세상이 창조될 때는 달도 둘, 해도 둘이었다. 낮에는 더워 죽고, 밤에는 추워 죽고, 초목이나 새와 짐승들이 말을 하고, 귀신과 인간의 구별도 없는 혼란의 세계였다. 결국 천지왕은 지상에 내려와 총맹부인과 결혼을 하고, 그 아들인 대별왕과 소별왕이 저승과 이승을 맡아 다스리게 한다.

이것은 신이 만든 것이고 신이 관장을 한다 할지라도, 세상은 그렇게 혼란스러운 것이며 이런 혼란을 다스리고 세상을 조화롭게 만드는 것은 인간에 의한다는 다분히 인간중심적인, 친인간적인 사고의 반영인 것이다.

송당의 자녀신계가 아들 18, 딸 28, 손자 378을 이루었고 그 자손들이 퍼져나가면서 제주도의 각 마을과, 그 마을의 중심지로서 당을 형성했다는 이야기가 만약 그리스로마의 신화라면 실핏줄 같이 얽힌 복잡한 개인적 갈등이나 권력의 다툼 같은 재미난 이야기들을 엮어가면서 제시될 터이지만 제주도 신화의 경우는 신들 간의 계보나 위계질서, 감정과 행위의 교환 이야기보다는 소집단 내에서의 공동체적인 삶이 신화의 큰 맥을 형성하고 있다.

많은 당본풀이들은 구송되어 오면서 망실되어 몇 편을 제외하고는 2~3행의 아주 간단한 구조만 남아있는 경우가 많다. 그런데 여기에 신명이나 신의 직능, 신의 좌정처는 빠뜨리지 않고 표현되고 있음에 비해 계보, 계층 등의 위계적인 개념이나 혈연 개념 등의 개인적 관계들은 표현되고 있지 않다. 이 역시 계층적인 위계질서나 개인적 관계보다는 평등한 공동체의 질서를 무엇보다 중요하게 생각한 제주를 단편적으로 보여주는 것이라 할 수 있다. 그리스신화나 한반도 지역의 경우라면 누구누구의 자손이라거나 어떤 자리에서 누구를 통치한다는 내용이 중요하게 쓰여지거나 뚜렷하게 남아 있었을 것이다.

이렇게 제주 무속의 신들은 상하의 위계는 있으면서도 그 기준이 다분히 형식적이고, 서로 간에 명령과 복종의 형태로 있는 것이 아니라 독자적인 형태로 존재한다.

잉여와 풍요가 없었던 제주에서는 신들 역시 강력한 지배와 관리를 보여주지 않아도 되었다. 그들은 나라를 건국하지 않거나 재난에서 구하지 않아도, 엄청난 힘을 보여주지 않아도, 지혜롭지 않아도 신이 될 수 있었다.

서귀포 중문 도순당의 중개남중이, 성산 온평리당의 맹호부인, 구좌 행원리 남당의 중이대서 등 아름다운 자연환경을 가진 한라산을 구경하러 왔다가 좌정지를 정하여 신이 되는 특징적인 경우도 있으며, 이 밖에 외래의 신격이 토착화되면서 귀양신, 방문신, 도망쳐 나온 장군이나 표류신들이 신화에 채색되는 것도 제주의 제 조건들과 삶과의 밀착성을 반영하는 특징적인 한 요소라고 볼 수 있다.

신화가 집단의 의식, 무의식의 표현이라는 점은 물론 타당하지만 제주도의 경우처럼 당의 위치나 당신의 기능, 성격이 자연환경적인 조건, 마을이라는 공동체의 사회구조를 합목적적으로 유지해 가는 방향으로서의 역할, 민중의 의식구조 등에 구체성을 띠는 형태로 상호반영되는 경우는 그리 흔하지 않은 것으로 보인다.

척박한 조건과 이에 적절히 대응한 제주사람들은 개화와 문명이란 개념 내에 자라날 수 있는 배타적이고 지배적인 논리와 같은 비인간적인 성향들을 제어하면서 평등하면서도 자유롭고, 개체적이면서 공동체적인, 성숙한 사회의 담론들을 만들어 갈 수 있게 한 것이다.

이런 것들은 제주의 고유성을 나타내는 한 요소가 되면서 동시에 앞서도 언급한 바와 같이 드라마틱한 이야기의 문학적 매력을 주거나 강력한 헤게모니를 가지는 신화는 못 되었다 하더라도, 문학적 원전 안에서 맴도는 이야기가 아닌, 또 지배논리에 의해 왜곡되는 신화가 아닌, 민중들의 사회문화적 구조와 같이 가는 신화로 살아남았다는 보다 깊은 가치를 지니는 것일 수 있다.

"할망당에 간다" - 여신중심적인 신앙

제주도에는 약 350여 개의 당이 있는 것으로 추정되며 이 당에 모시고 있는 신들 중의 80%를 여신으로 보고 있다. 제주사람들은 '할망당에 간다'고 하면서 큰 구덕(바구니)에 제물을 담고 당으로 향한다. 이가 암시하듯 제주의 신은 성별로 구분해 볼 때 여신의 비중이 특히 높고, 또한 그 내용이 무척 여신중심적이다.

제주도 신화에는 유독 여성신들의 출생담이 많다는 특징이 있다. 초공, 이공, 삼공, 칠성 본풀이는 부유한 집안의 부부가 늙도록 자식이 없어 근심하다가 기자치성을 드리고 자식을 얻는 것으로 서두를 연다. 정성을 드리고 마침내 아이를 가지게 되는데 이 때 태어나는 아이는 대체로 딸아이로 나타난다. 늦도록 아이를 못 낳아도 시련과 고통 속에 칠거지악으로 쫓겨나지 않으며 태어난 아이는 섭섭하다기보다는 예쁜 딸아이로 소중하게 묘사되어 있다.

〈초공본풀이〉에서 오랫동안 아이를 기다려온 임정국대감 부부는 태어난 딸이 '앞이마는 해님이요 뒤통수는 달님이요, 두 어깨에는 샛별이 오송송 박혀진 예쁜 아이'라고 좋아한다. 때는 구시월이라 산줄기 줄기마다 단풍이 붉게 물들어 있는 것을 보고 〈저 산 줄이 뻗고 이 산 줄이 뻗어 왕대월석 금하늘 노가단풍 자지맹왕 아기씨〉라고 길다랗게 이름짓는다.

이렇게 여식의 출생을 반기고 무속 속에서 여신의 비중과 역할이 높게 나타나고 있는 점에서도 제주도의 환경과 결부지어 중요한 하나의 맥을 찾아낼 수 있다.

척박한 뜬땅의 제주도는 밭농사의 생산형태를 가지게 했고 밭농사의 주요 노동인 김매기는 상대적으로 여성에게 알맞은 노동이다. 또한 해산물 채취를 위한 수중 잠수도 내한력이나 수중잠수 체재시간이 긴 여성들이 맡아 했다. 반농반어의 성격을 가진 마을에서 여성들은 물때를 따라 바다로, 밭으로, 집으로 왔다갔다해야 했다. 논으로 나가 일하는 여성도 없고 잠수(해녀) 역시도 거의 볼 수 없는 한반도 지역에서 온 사람들에게 이런 낯선 모습과 길가에서 부딪히는 여성들의 생생한 이미지는 퍽 인상깊었을 것이다. 제주도가 '여다의 섬'으로 불려지는 것은 실제 여성의 수와 관련된 것이라기보다는 제주가 주었던 이런 이미지 때문에 형성된 것이다.

여신이 많고 여신중심적이 되는 신앙 역시, 제주사회 내부적으로 이런 적극적인 생산 참여를 통한 여성들의 실제적인 경제력의 획득과 함께 여성의 사회적 지위가 높아진 점이 신앙에 투영된 결과라고 볼 수 있다.

신화들을 보면 여신들의 경우 외지에서 출생한 여신이 제주도로 건너와서 결혼을 하는 경우가 많다. 이것은 물과 토지에 대한 좋은 조건을 희구하고 이런 점이 본토나 외지에 대한 동경으로 나타나 본토와 보다 강하게 결속되기를 바랐던 것으로 설명하는 것이 일반적이다. 그렇지만 여기에는 재고할 만한 여지가 있다.

자연환경은 물리적 환경으로 존재하지만, 이 물리적인 것으로서의 자연환경은 사회와의 내적구조를 가지면서 실재하게 된다.

제주의 대표적인 당신화라 할 수 있는 〈송당 본풀이〉에 보면 토착신인 소로소천국이 외래신 백주또와 결혼하여 아들 열 여덟, 딸 스물 여덟을 낳고 산다. 신화에서 나타나듯이 백주또는 '시집 오는' 여성 신의 모습으로 나타나고 있다. 신화가 그 사회를 반영하는 것이라 할 때 '여성'과 '결혼'의 의미는 분명해진다. 결혼은 농경정착생활의 시작을 알려주는 코드이다. 동시에 간과하지 말아야 할 점은 결혼이라는 가장 친밀하고 결속력이 강한 형태로 제주와 접목되었다는 것이다. 이는 외지에 대한 단순한 동경이 아닌, 제주의 삶을 강화하고 외부의 요소들을 제주 자체에 속하게 했던 제주사람들의 강한 생활력을 표현하는 것이라 볼 수 있다.

옷, 밥 달라 조르는 아들 딸을 기르기 위해 이 여신 백주또는 지금까지의 수렵을 접고 농경을 해야 한다고 권유하고 농경생활을 시작하게 한다. 그녀는 이미 농경에 필요한 오곡의 씨앗이나 소 등의 가축을 소유한, 더 나은 생산력을 지니고 있는 존재이다. 이는 생활 속에서 여성이 가지는 적극적이고 도전적인 삶의 태도, 현실적인 창조력과 미래에의 혜안 등과 연결되는 코드이다.

소천국은 밭을 갈다가 점심을 이웃에게 줘버리고 배가 고프자 밭을 갈던 자신의 소를 잡아먹고는 그것도 모자라 남의 소까지 잡아먹는다. 화가 난 백주또는 '땅 가르고 물 갈라' 살림을 분산하자고 한다.

농경에 중요한 소를 잡아먹어서라기보다는 남의 소까지 잡아먹었다는 점에 백주또는 더욱 분노한다. 그녀는 부부라는 개인의 친밀한 관계에 무조건 매몰되지 않고, 경제 정의와 사회적 도리라는 공동체 삶의 원칙을 실천하고 있는 것이다.

당본풀이의 대표적인 것이라 할 수 있는 이 송당본풀이를 비롯한 신화들은 수렵에서 농경으로 넘어가는 과정 즉 농경 정착사회를 건설하여 가난을 근본적으로 해결하려는 설촌의 과정과 그에 수반되는 주민의 이상, 수렵과 농경이라는 생활양식간의 갈등을 바탕으로 하고 있다. 그리고 그 속에는 여성들의 생산경제로의 직접참여를 통한 부와 실질적 지위의 획득, 모든 자식들을 독립적으로 분가시키는 제주의 부부중심 소규모 가족제도, 이와 맞물린 제주인의 특성이라 볼 수 있는 자립적 개체성, 평등성, 근검절약의 ᄌᆞ냥정신과 공동체의식 등이 촘촘히 새겨져 있는 것이다.

 신화에서 여신들은 농경과 관련되는 지식과 종자 등을 가지고 외지에서 들어온다. 다시 말해서 이 여신들은 지금까지의 수렵문화 중심의 생활에서 새롭게 시작되는 농경사회의 질서 그 자체였다. 여신들이 들어오면서 결혼이 이루어지고 정착생활이 이루어지면서 농경사회라는 새로운 질서가 시작되는 것이다.

 그리고는 마치 갓 결혼한 일상 부부들이 겪게 되는 갈등과 마주하게 된다. 즉 농경사회의 문화는 기존의 토착적인 수렵문화와 병존해야 하면서 동시에 끝없이 갈등하게 하는 새로운 질서였다.

 신화에서 농경사회의 정착은, 농경을 인식하고 권농하는 여신들에 의해 이루어지며 이는 제주에서 실제적인 삶의 주도권이 여성에게 넘어가는 것을 반영하는 것이기도 하다.

 한반도 벼농사 지역에서 모내기나 논에 물을 대는, 생산에 직접적으로 관련되는 노동들은 남성들의 몫이었다. 그렇다고 여성들이 집에서 편히 쉴 수 있었던 것도 아니었다. 대규모의 노동력을 필요로 하는 벼농사는 대가족과 대규모 가옥 패턴을 정착시켰고, 여성들은 사소하다고 여겨지거나 하고 또 해도 티도 잘 나지 않는 집 청소나 대규모 점심 준비, 곡식의 정리정돈 등으로 몸은 몸대로 지치고, 호주머니에는 돈도 없고, 하찮게 대접받는 질곡을 감내해야 했다.

 반면 제주도에서 이루어진 밭농사 중심의 생산에 주도적인 역할을 한 것은 여성들이었다. 갓난아이까지 구덕에 눕히고 밭에 데리고 나가 열심히 일하고, 물때가 되면 바다로 나가고, 부엌에 있는 쌀 항아리에 ㅈ냥을 하면서 그녀들은 많은 부분에서 자신들의 목소리를 낼 수 있었다. 아이를 낳고 삼칠일도 안 되어 저승길을 오락가락 하는 것 같은 힘든 물질을 했으니 그럴만도 했다. 그렇게 여성들의 주머니는 두툼해졌고 목소리도 커졌다.

신화 속의 제주여신들은 설촌과 농경의 시작, 정착생활, 마을의 확산 및 분리, 많은 자녀의 양육 및 생산력, 공동체의식 형성 등의 면면에서 없어서는 안 될 존재였으며, 실제 제주여성들처럼 더욱 본질적이고 중요한 존재로 표상되고 있다. 상상력의 산물이라 보이는 신화가 이런 역사적 실재를 담지하고 있다는 것은 신화 역시 객관적인 역사라는 인식을 하기에 충분한 근거가 되게 한다.

"돼지고기를 먹지 말라"는 금기를 어기는 여신

제주신화에서 농경신은 여신이며 본향당신인 경우가 많고 이 여신은 돈육금기를 지키는 맑고 고운 신으로 추앙된다. 그런데 신화 속에서 결혼한 신들이 '땅 가르고 물 갈라' 살림을 분산하는 계기는 육식금기를 어겨서이다. 즉 신화에서 보면 주로 해안마을의 여신들이 이 돈육금기를 어겨 '땅 가르고 물 갈라' 살림을 분산하는 것으로 나타나고 있는 것이다.

육식금기를 어겨서 '땅 가르고 물 갈라' 살림을 분산하는 이 모티프는 곧 마을의 분리 및 확산을 의미하며, 동시에 마을의 형성 및 분포와 관련되어 부여받은 여신들의 중요한 역할을 말해준다. 또 '땅 가르고 물 갈라' 달라고 자기의 몫을 배당 받으면서 살림분산을 요구하는 여신들, 여성들의 당당한 지위를 단적으로 표현하는 것이기도 하다.

왜 이런 돈육의 금기가 땅 가르고 물 갈라 다른 살림을 하는, 즉 마을이 분리되는 모티프가 되었을까?

민속학자인 문무병은 돈육금기가 상대의 사회에서 인간의 음식을 축내지 않으며 노동력까지 제공하는 소의 사육은 권장하는 것이었지만 단지 고기만을 얻기 위해 인간의 음식을 축내는 돼지를 사육하는 것은 금기시되는 생활상이 신화에 반영된 것이라고 했다.

그러나 여기에도 자연환경에 적응하는 치열한 삶의 전략과 문화의 코드가 숨어 있음을 발견할 수 있다.

농경사회로 가는 제주에서 돼지는 소와 마찬가지로 중요한 동물이었다. 특히 제주의 척박한 토양에서 양질의 비료는 절실하였고, 돼지는 '통시'(화장실)의 구조를 통하여 양질의 비료를 생산하는 동시에 여러 가지 찌꺼기(음식, 인분)를 처리하고 또 식용으로까지 이용되었다.

인분과 음식찌꺼기와 잡초들은 돼지들의 활발한 움직임에 의해 훌륭한 거름이 되어 척박한 땅을 살려냈다. 전국에 유명한 제주산 똥돼지는 이렇게 활발하게 움직이는 돼지의 깊고 쫀득한 맛 때문에 생겨난 것이다.

중산간에는 최근까지도 멧돼지가 지천으로 널려 있었고 돼지의 사육은 먹기 위해서보다는 척박한 땅에 거름으로 쓰기 위해서였다. 그러나 해안마을은 바다로부터의 생산이 있었기 때문에 농경에 의한 생산만이 절대적이지 않았다. 오히려 해산물은 다른 다양한 생필품의 구입을 위하여 더 중요했다.

중산간이나 해안이나 모두 수렵목축과 농업, 어업과 농업을 하고 있었기 때문에 거름을 만드는 돼지는 중요했다. 그러나 점점 중산간은 농업을 중심으로 삼게 되고 해안은 어업을 중심으로 삼게 되어 가면서, 먹지 말아야 하고 먹어도 되는 차이가 생겨난 것이다.

이것이 〈중산간 웃뜨르지역/농업/양반/보수적 유교문화〉와 〈해안 알뜨르지역/어업/천민/진취적 해양문화〉가 대립하는 구체적인 모습으로 발전하게 된다. 제주도에서는 해발고도 200~600m 내에 분포하는 중산간촌의 반농반목민들은 유교를 받아들여 양반임을 내세우며 해발고도 200m 이하의 해촌(갯마을)을 '포촌(浦村＝民村)이라 불렀고 거기에 사는 사람들을 '알뜨르 보재기(鮑作人＝漁夫)'라 하여 천시하였다. 또한 반농반어민인 포촌 사람들은 문화변동에 둔감한 유교문화지대인 중산간촌 사람들을 '웃뜨르 촌놈'이라 하며 천시하였다. 중산간촌과 해촌간에는 서로를 그렇게 천시하고 거부하면서 혼인조차 거부할 정도로 이질적인 요소를 키워나갔다. 즉 돼지고기를 먹고 안 먹는 차이는 서로의 갈등을 구체화하고 상대방을 거부함으로써 문화와 정체성을 유지하는 가운데, 자신들만의 내적 결속력을 강화시켜 나갈 수 있었던 아이콘으로 작동되었던 것이다.

돼지를 추앙까지는 하지 않더라도 중요하게 생각하고 애용하는 것은 전 세계적으로 볼 때 보편적인 현상이다. 돈육금식을 하는 건조지방 유목민의 경우 돼지의 사육이 그들의 기후조건, 생활조건에 맞지 않았을 뿐만 아니라 그런 습속을 이용하여 농경민과의 차이를 만들고 그들만의 정체성을 유지하면서 사회통합을 꾀했다.

코란에서도 우리가 아는 바와 같이 돈육금식을 명령하고 있다. 건조한 지역에서 사람이 마시기에도 부족한 물과 사료를 주면서 돼지를 사육하여 식료로 한다는 것은 인간과 경쟁을 하는 결과가 되고 사치스러운 식품이 될 수밖에 없다. 돼지고기를 먹는다면 소수일 수밖에 없고 그것은 강한 결속력을 요구하는 가혹한 사막이라는 환경하에서 위화감을 조성하고 마침내 집단의 붕괴를 초래하게 될 것이다. 이러한 생태지리학적, 사회통합적인 전략의 추구가 돼지의 사육과 그 고기를 먹는 것을 금지하게 된 것이다.

결국 제주신화의 돈육금기도 중산간과 해안이라는 자연환경과 인간의 생존관계에서 성립된 생태지리학적인 생존전략과 사회통합을 위한 전략이 반영되어 중요한 신화소로 나타나게 된 것이다.

이처럼 제주신화에서 여신이 돼지고기를 먹는 것이 계기가 되어 땅 가르고 물 갈라 살림을 분산하는 신화 속의 화소는 마을이 분리되는 과정이며, 중산간 마을과 해안 마을간의 갈등을 상징한다. 물론 이것은 농경과 어업이라는 생산형태간의 갈등, 농경문화와 해양문화간의 갈등으로 읽을 수 있다. 이는 동시에 유교중심의 문화와 무속중심 문화간의 갈등, 남성중심적인 문화와 여성중심적인 문화의 갈등, 양반, 지주와 상업민, 해민간의 갈등, 기득적 권위주의와 개혁적 민중의식간의 갈등을 읽을 수 있게 하는 것이기도 하다.

제주에서도 돼지고기를 먹고 안 먹는 것을 통하여 농경문화와 해양문화를 구별하고 마을 간의 정체성을 확고히 하는 방편으로 삼았던 것이다. 주목할 만한 것은 이 과정에서 역시 중요한 계기가 여성에 의해서 나타난다는 점이다. '땅 가르고 물 갈라' 살림을 분산하자고 주장하는 것은 여신들이었다. 여기에서 그 옛날부터 이어져온 제주여성들의 여성 소유권에 대한 적극적 인식 그리고 돼지고기를 먹지 말아야 한다는 금기를 어겨 감히 살림분산을 당하는 계기를 만드는, 본능적인 식성과 임신한 몸이 요구하는 육체적 본성에 대한 추구, 도전성 등을 읽을 수 있는 것이다.

치마 속을 따라 다니는 뱀 - 여성중심의 사회

제주에서는 곡물의 신, 재복의 신으로서 뱀신앙이 강하고 모계계승형식으로 매우 강하게 터부시되고 있다.

제주의 뱀신은 여신이다. 산신이나, 농경·치병신, 해신이 각각 그에 적합한 공간적 분포를 이루고 있음에 반하여 이 뱀신은 여계를 따라 전도적으로 분포한다. 치마 속을 따라 다닌다는 이 뱀신은 딸에서 딸로, 즉 모계 계승의 형식으로 모셔져 가는 신이며 잘 모시지 않았을 경우 재앙신적 성격이 짙다. 당 이외에도 집안의 고팡에는 안칠성을, 뒷뜰에는 밧(밖)칠성을 각각 곡신과 부신으로 모시고 있는 현상도 볼 수 있다.

이것은 제주여성의 높은 생산능력과 이에 따른 지위와 처우를 읽을 수 있는 코드가 되기도 한다.

제주의 기후가 고온다습하여 뱀이 많은 조건인데다가 땅 속에 사는 두려움의 동물이라는 점에서 이 뱀신앙이 나타나게 되었다는 것이 대부분의 주장이다. 뱀뿐만 아니라 특정 동물들을 신앙의 상징으로 삼는 것은 보편적인 현상이다. 예를 들어 한반도 지역에서는 호랑이, 일본에서는 여우, 제주에서는 뱀, 이집트의 고양이, 인도의 소 등 특정 동물에 대한 신앙은 일반적인 것이고 이렇게 동물이 각각 다르게 신앙시되는 이유는 지역적 동물 분포상에 의한 것이라 얘기되고 있다. 이런 입장은 제주도의 뱀신앙을 이야기할 때도 가장 처음 제시되는 것이 일반적이다.

반면 제주도 자연환경의 척박함이 절약정신(ᄌᆞ냥정신)의 필요성을 만들어 내었고, 곡식을 축내는 쥐의 천적인 뱀을 재복을 가져다주는 가신으로 삼게 되었다는 입장도 있다. 이런 점 역시도 생태전략적인 구체성이 신앙에 투영된 것으로서 이집트의 고양이 숭배, 인도의 소 숭배, 나아가 건조지역에서의 돼지 금기에서와 같이 일반적으로 나타나는 것이다.

사실 뱀은 세계의 많은 신화에서 나타나고 있다. 이집트의 오시리스 신의 모습에도 뱀이 있으며 인도 여신의 허리를 휘감고 있는 동물도 뱀이다. 중국 최고의 신인 여와는 사람 얼굴에 몸은 뱀이고 그의 남편 복희도 마찬가지이다. 그리스신화에도 전령의 신 헤르메스의 상징인 지팡이에는 뱀이 휘감겨져 있고 의신醫神인 에스클레피오스의 지팡이에도 뱀이 감겨져 있다. 뱀은 아폴론이 예언을 할 수 있는 힘을 주기도 한다.

조셉 헨더슨은 그의 〈고대신화와 현대인〉이라는 글에서 초월적인 의미를 나타내는 가장 일반적인 꿈 상징은 뱀인데, 의신 에스클레피오스를 상징하는 동물 역시 뱀이라면서 뱀은 의신의 지팡이를 감고 올라감으로써 하늘과 땅의 중재를 상징한다고 한다. 지하세계적인 뱀의 의식에서 출발한 하급초월성은 바로 이러한 초월적인 힘을 통하여 마침내 날개를 달고 비행하는 초인간적 현실 초월성을 획득한다는 것이다. 이런 상징 이외에도 뱀은 대지와 가장 가까이 살아가는 동물로 유럽에서도 다산과 풍요의 상징으로 삼아 성물로 인정했고 허물을 벗고 새롭게 태어나는 불멸의 상징이기도 하다.

한편 그리스신화에서 의술의 신인 에스클레피오스의 지팡이에는 한 마리의 뱀이었지만, 전령의 신 헤르메스를 상징하는 지팡이 카두케우스에는 두 마리의 뱀이 감겨져 있다. 일부는 이 두 뱀을 쌍둥이 같은 남성성과 여성성 또는 죽음과 부활을 나타내는 것으로 간주하고 헤르메스가 의사소통자였듯, 이 은유와 상징은 남성적 요소와 여성적 요소가 결합하려 애쓰는 것으로 해석하기도 한다.

이집트에서 뱀은 '자신의 입에 머금은 숨을 먹고 사는 자' 혹은 '길을 지키는 신들의 목소리를 먹고 사는 자'로 그들이 영원히 살아가는 지하세계로 들어가는 데 있어 그 죽음의 세계에 숨겨진 역동성을 알고, 그 입구와 통로를 알고, 누가 강력하며 누가 섬멸되는지를 알기 위하여 암흑을 환하게 밝혀 주는 역할을 한다고 한다. 여기에서 뱀은 두 영역을 초월하는 신비로움이라기보다는 생명영역의 힘이 되고 있다. 그들에게 지하세계는 죽음의 영역이 아니라 풍요로운 현세의 삶을 이어주는, 또 다른 생명의 영역이기 때문이다. 뱀은 이 지하세계라는 삶의 영역을 살아가기 위한, 능력 있고 혜안을 가진 힘이다. 인도에서 뱀은 여성의 힘으로 상징되기도 한다.

이처럼 뱀은 그리스, 고대 유럽의 위대한 여신의 심벌이었으며, 여신이 지녔던 위력을 상징하는 경우가 많다.

창조·생산·영원·초월·신비의 단어들과 함께 뱀은 여성과 긴밀하게 관련된다. 심리학에서는 여성이 자신의 권위를 주장하거나 자신만의 정치적인, 심리적인, 혹은 개인적인 힘을 가지게 될 때면 언제나 뱀 꿈을 꾸는 것이 보통이라고 한다. 종종 뱀은 새롭고 다른 힘의 출현을 상징한다.

제주사람들은 여자아이가 태어나면 집안을 부자로 만들어 줄 복덩이가 태어났다며 좋아했다. 제주 지역에 특히 뱀신앙이 성행한 것은 앞서 살핀 것과 같이 뱀이 여성을 상징하고 또 풍요의 부신을 상징하는 동물이라는 점, 모성의 원리 및 기능에 맞닿아 있는 영원한 순환이나 불멸의 상징이라는 점, 이에 제주 지역적인 것으로서 치마를 따라 분포한다는 점, 집안의 고팡이나 뒤뜰 등 주로 여성들의 전유공간에 모시는 점, 제주도의 경우 여성들의 노동 참여와 그들에 의한 부의 생산이 크다는 점, 여성들을 중심으로 무속신앙이 성행했다는 점, 잘 모시지 않으면 큰 재앙을 불러온다고 신앙시하는 점 등으로 비추어 뱀이 가진 여러 상징성과 함께 제주여성의 고유한 존재성에 대한 강조가 뱀신앙으로 맞물리면서 구체화되어 나타난 것이 아닌가 한다.

이런 뱀신앙이 현대에 와서 생김새의 흉물스러움과 이브를 유혹한 뱀의 이미지가 강력하게 영향을 주면서 그 다양한 의미들이 상실되고 오히려 왜곡되었다. 여성의 치마폭을 따라다닌다 하여 특히 뱀신앙이 각별했던 제주의 김녕이나 토산의 여성들이 결혼할 때 불리한 점으로 작용하기도 했던 것이다. 서구적인 의식에 경도되어 우리 스스로 우리의 문화와 습속들을 왜곡하는 우를 범하고 있는 것이라 생각한다.

"땅 가르고 물 갈라 살림 분산합시다" - 여성의 정체성

앞에서도 보았지만 제주신화에서 여신은 농경과 관련되는 지식, 종자 등을 가지고 외지에서 들어와 결혼한다. 여신들은 지금까지의 수렵문화 중심의 생활에 비집고 들어온 농경사회의 질서였다. 이 새로운 질서는 토착적인 수렵문화와 병존해야 하면서 동시에 끝없이 갈등하게 된다.

한편 땅에서 솟아난 남신과 외지에서 종자 등을 가지고 들어와 결혼한 부부신의 결혼생활은 결코 조용한 결혼이 아니다. 이들 부부는 식성의 차이, 주로 밭을 갈 때 이용할 소를 먹어버리거나 또는 너무나 식성이 좋아서, 특히 해안 마을의 임신중인 여신이 돼지고기를 먹는 것과 관련되어 별거하거나 이혼하게 된다.

밭을 갈아야 할 소를 잡아먹거나 당시 거름을 공급하는 돼지를 먹어버리는 것은 농경문화의 중요한 본질을 거스르는 것이었다. 한편 부의 축적에 바다가 더욱 중요해진 해안마을은 돼지고기를 먹어도 별로 큰 일이 아니었던 것이다. 임신중인 여신이 돼지고기를 먹고 싶은 것, 또 그 몸이 단백질을 필요로 하는 것도 당연하다.

제주신화 속의 남신과 여신의 갈등은 점점 입지가 좁아져 갈 수밖에 없는 수렵문화, 좀더 조직적으로 정착시켜야 할 필요가 있는 해양문화, 그리고 새로운 질서로서 시작되는 농경문화의 변화과정에서 노정되는 문화적인 갈등들을 상징하는 것이라 할 수 있다.

특히 주목되는 점은 이혼을 할 때 여신들이 '땅 가르고 물 갈라' 살림을 분산하자고 요구한다는 대목이다. 이 역시 그리스나 한반도 지역의 전반적인 정서 내지 삶의 방식과는 판이한 것이다. 제우스의 여성들은 제우스에 의해 일방적으로 간택되어진다. 그의 아내 헤라는 질투의 여신이다. 사랑과 결혼이라는 약속에 대한 그녀의 대응은 질투뿐이다. 미움과 복수의 대상은 남편 제우스가 아니라 상대 여성이다.

자기자신을 추구하는 것이 갈등이 되어 이혼하면서도, 땅 가르고 물 갈라 달라며 재산의 소유를 주장하는 모습은 파격적이다. 모두 견디고 양보하며 살았는데도 칠거지악과 같은 일방적인 악습으로 보따리 하나 덜렁 문밖에 내던져지고 쫓겨나야만 했던 한반도 지역의 모습들과도 사뭇 다르다.

합목적적으로 형성되었던 습속들이 무조건적으로 굳어지면서 악태가 되어버리는 상황에, 그녀들은 쉽게 매몰되지 않는다. 자신의 본성과 문화적 정체성에 대해, 삶에 대해, 인간관계에 대해 적극적으로 자신의 말을 하는 여신들의 모습은 제주신화를 독보적으로 만드는 지점이다.

제주여신의 원형

반 바리데기 - 남성지배와 여성순종에 대한 위반과 전복

낯설면서도 친숙한 신화들은 그 신화가 반영하는 특유한 역사적 사회가 지녀온 객관적인 구조를 분석할 수 있게 한다. 여성과 관련해서도 신화에서 역시, 존재하는 그대로의 질서라는 것이 대체적으로 존중되고 있는 것이다.

세계의 신화들은 많은 여신들의 모습을 다양하게 그려내고 있다. 많은 신화들은 신화라는 것이 가지는 본질처럼, 언제 어디서나 성의 분리와 차별도 아주 보편적이고 오래된 것이라고 말하고 있는 듯하다. 그러면서 여성차별은 신체 안에, 지각과 사고에, 행동에, 그리고 모든 사회집단 안에 아주 자연스러운 질서가 되어 왔다.

성경에서 악의 기원은 뱀과 여성이다. 그리스신화에서도 여성은 재앙의 원인이 된다. 프로메테우스가 제우스의 권위에 대항하자 제우스는 아름다운 여성을 창조해 불행을 주기로 하는데, 이 여성이 판도라이다. 판도라는 신들에게서 받은 선물 상자를 열어버려 세상의 모든 불행을 만들었다 한다.

많은 다른 나라들, 인도나 유럽과는 달리 이집트인들은 땅을 남성으로 하늘을 여성으로 생각했다. 땅의 신인 겝은 이집트 땅의 현신이었고 그를 통해 파라오와의 계보가 성립되었다. 이는 죽어서도 현실의 풍요로움을 계속 살고 싶었던 이집트인들의 사고가 반영된 탓으로 보인다. 현실의 생활을 보장해 주고 있는 것은 비옥하고 은혜로운 땅, 즉 남성이었고 그 땅 위에 만들어 놓는 것이 바로 찬란한 도시, 현실이었다.

그들에게 있어서 창조란 신비로운 여성의 잉태와 출산 기능에 의한 것이 아니라 남성들의 육체에, 남성적인 정신성이 발현되어 만든 찬란한 도시인 것이다. 그런 관련 속에서 땅은 일반적으로 얘기되는 여성적인 의미가 아니라 그 관리를 의미하는 남성적 원리에 가까운 것이었다.

메소포타미아에서 여신은 전쟁이 많았던 메소포타미아답게 다른 어느 것보다 전쟁에의 참여를 종용한다. 인도에서는 여성의 모습이라고는 상상하기 어려운 무시무시하고 사나운 여신들이 등장한다.

한국무가의 대표적인 것이라 할 수 있는 바리데기신화 역시 여성의 억압과 희생을 '영원한 여성성'신화로서 계속적으로 재구축하거나 혹은 남성지배를, 신화와 궤를 같이하는 불변적이고 오래된 것처럼 묘사하면서 그 구조를 항구화시키는 수단이라고 생각할 수 있다. 이 바리데기신화 역시 우리사회 제1의 전통윤리라 할 수 있는 무조건적인 효를 가장 중요한 메시지로 보여주며, 눈막고 귀막고 입막아 삼년이라는 여성의 결혼생활을 적나라하게 묘사하면서 남성지배의 '역사적인' 자연스러움과 그 속에서 이루어지는 '삼종지도'라는 좋은 순종의 전형적인 예를 전파하고 있는 것이다.

우리나라의 가장 강한 전통윤리는 효이다. 신화는 아니지만 심청이의 이야기는 이런 효를 아주 오래도록 가져온, 거부할 수 없는 규범으로 자연스럽게 각인시키는 기능을 한다.

심청이처럼 효를 중시하고, 춘향이처럼 순정을 귀하게 여기고, 어떤 역경에도 굴하지 않고 형을 공경하는 흥부는 우리사회의 표준인간상이고 질서로 제시되어 왔다.

반면 제주신화에서는 그런 남성지배-여성순종이라는 익숙한 질서, 규정된 가치들에 대한 위반과 전복의 행위들이 심심치않게 나타나고 있어서 주목을 끈다. 오히려 그런 행위들이 신화 속에서 자연스럽게 나타나고 있어, 제주사회라는 집단 안에 오래도록 내재되어온, '역사적인' 정신성임을 확인시켜 주기도 한다. '효'의 개념에 대한 새로운 해석의 여지와 자식, 부모, 형제, 부부 같은 친밀하고 일차적인 관계들에 대한 새롭고 다양한 시각도 보인다. 이것은 한국이라는 사회가 지녀온 강한 남성지배-여성순종, 배타적 가족주의와는 다른 모습들이다.

척박한 자연조건과 외세나 자연재해 등의 불리한 상황은 그 상황을 반영하는 의식, 습속, 제도 등의 사회문화환경을 구성하고 유기적이고 연속적인 내적 구조를 가지게 한다. 불리한 제주의 자연환경은 여성들을 적극적으로 삶에 참여하게 했고 이런 과정에서 개인 여성으로서, 또 사회 일원으로서의 '제주여성'의 고유성을 가지게 했다.

환경과 삶의 유기적인 구조 속에서 내가 살기 위한 자립적 개체성의 획득은 절대적 과제였고, 이를 위해서 공동체의 협조가 필수적이었던 제주여성들은 신화 속의 '원형'들과 교감을 나누면서, 선망하고 연민하거나 또는 고양시키고 제외시키면서 자신만의 개체성과 공동체의식을 공히 추구해 나갔으며 또 내면화 시켜왔다.

사실 제주여신들의 이름만 써놓고 조용히 음미해도 대단히 재미있다. '자청비', '가믄장아기', '백주또'와 같은 개체성이 강조되는 자립적인 여신들은 자신들의 고유한 이름을 가지고 있다. 반면 조강지처·양처로서 자신의 개체성을 반납하고 기존 사회의 논리에 맞추어 살아갔던 여신들은 '강림의 큰부인', '사만이의처', '여산부인' 등 '~의 처'라는 이름이다. 본능에 충실하고 사리사욕에 밝은 여신은 아직도 미성숙하고 무분별한 '~의 딸'이라는 이름이다.

모든 여신들은 지각과 행위의 다양함을 우리에게 선사한다. 다양한 커뮤니케이션을 제시한다. 각 여신 원형은 현실의 여성들에 대한 이해를 거쳐 사적이고 공적인 생활 모두에 힘과 지혜를 주는 아이콘이 되며, 여성차별을 없애가는, 보다 인간적인 담론을 형성해 낼 수 있게 한다.

미토스 안에 이미 내재된 로고스

한국의 무속신화, 그 중에서도 제주도의 무속신화는 당대에서 중심이라기보다는 주변에 머물러 있었던 여성들과 밀접한 연관을 맺어 왔다. 바로 이 점에서 무속신화를 여성과 관련시켜 연구해 보아야 할 근본적인 이유를 찾을 수 있다. 이런 신화 연구는 그 동안 정치·경제·종교·문화의 모든 연구 영역에서 부당하게 배제되어 온 여성적인 것의 가치와 의미의 실질을 회복하는 데 기여할 수 있다고 판단된다.

신화 속에 나타난 여성원형을 분석하여 현재의 여성에 투영시켜 보는 것은 결국 여성에 대한 평가들을 다원화된 현대사회에 새롭게 부각시키고 일상 생활에서 구체적으로 현실화시킬 수 있는 담론을 제시하는 것이기 때문이다.

'제주여성들' 하면 그녀들만의 고유한 개성이 있다. '여성', '한국여성'이라는 보편적 성격 속에서도 독특한 개성을 가진다. 갈중이 입은 모습에 부지런함, 무뚝뚝함, 경제적인 능력과 독립심이 떠오른다. 주냥정신, 억척같은 해녀의 모습이 자연스럽게 떠오른다. 이 고유한 개성을 제주도의 또는 제주도 여성의 원형이라 할 수 있을 것이다.

 이 부지런함, 무뚝뚝함, ᄌᆞ냥정신 같은 것들은 제주의 자연환경, 역사, 시대상황 속에서 형성된 집단적인 특성이고 모델이다. 집단적으로 추구하는 가치기준이고, 의지, 지혜이고, 표상이고 철학인, 제주의 고유함이다.

 원형이 고유한 개성을 가질 수밖에 없는 이유는 우선 그 원형이 접하게 된 지리적 조건, 자연환경에 있다. 따라서 신화의 원형연구는 미토스(mythos) 자체의 가치를 삭감시키려는 의도가 아니다. 오히려 미토스 안에 내재해 있는 로고스(logos)를 찾아냄으로써 언제나 사회맥락적일 수밖에 없는 문화의 형성과 그 고유성을 살펴, 더욱 공고해지는 신화와 원형의 가치를 창출해내려는 의도다. 그리고 나서 신화의 원형이 실제 여성들의 의식세계와 생활모습을 어떻게 반영하고 또 제약하는지, 그것이 현재 여성들의 문화에 어떻게 발현되고 있으며 바람직하게 변용될 수 있는지에 대한 담론들을 형성하려는 것이다.

 융에 의하면 원형이란 집단무의식에 들어 있는 본능적 행동유형을 말하며 이를 그는 원시심상(primordial images)이라고도 부르고 있다. 이 원형은 본능적인 경향성을 가지고 있는 것으로 기본적인 패턴을 잃지 않으면서 세부적으로는 다양하게 변한다.
 융의 원형은 심리학적인 입장이지만 이를 사회맥락적인 것으로서 확대시키면 원형이란 자연환경, 사회환경과 제도, 조건들을 반영하고 또 그 물적 조건들을 변화시키기도 하면서 역사적으로 관통되어 온 현실반영의 체계로서 집단적 특질 또는 모델이라 할 수 있다. 그 지역의 독자적인 개성이고 집단의 공통적인 가치기준, 의지, 지혜, 신화형성 주체들의 사유체계인 것이다. 결국 자연환경, 시대적 상황, 제도 등이 상보적으로 작용하면서 평균적 체험 속에서 형성된 핵심적인 정신, 에토스인 것이다. 이 에토스는 자연환경이나 역사, 시대상황, 가치의식, 제도와의 상호관련 속에서 로고스의 가치들을 발현하고 있는 것으로서의 논리성을 가진다. 이렇게 볼 때 원형만큼 풍부하게 그 지역을 논리적으로 설명해 주는 것은 없다.

  로렌스 그로스버그는 문화연구란 지적 실천을 맥락화하고 정치화하는 특정한 방법이라고 하면서 맥락, 지식 그리고 권력 사이의 특정한 관계를 규정하려고 시도함으로써 이것을 모두 드러내는 것은 문화연구만이 할 수 있는 작업이라고 했다. 이에 비추어 제주도라는 지역의 신화를 통해 여성을 연구한다는 것은 그 사회를 규정하는 조건들, 그 조건들 속에 나타난 인간관계들, 의식과 습속들을 모두 드러내는 것이라 할 수 있다. 특히 여성들의 문제는 사회의 조건과 인간관계, 의식, 습속들과 불가분의 관계에 있는 것이며 이런 맥락 속에서 원형으로서의 여성을 살핌으로써 인간평등에 대한 재고의 계기를 만들 수 있다.

  제주신화에는 많은 여신들이 등장하며 그 역할이나 기능도 매우 중요하게 관념화되고 있다. 일반신본풀이에는 〈천지왕본풀이〉의 총맹부인, 〈초공본풀이〉의 자지명왕아기씨, 〈이공본풀이〉의 원강아미, 〈삼공본풀이〉의 가믄장아기, 〈삼승할망본풀이〉의 삼승할망, 구삼승할망, 〈차사본풀이〉의 과양생이의처, 강림의큰부인, 〈멩감본풀이〉의 사만이의처, 〈세경본풀이〉의 자청비, 〈문전본풀이〉의 여산부인, 노일저대구일의딸, 〈칠성본풀이〉의 아기씨 등 많은 여신이 있다. 당본풀이에도 일뤠또, 요드레또, 백주또, 서

물한집, 객세전부인 등 많은 여신들이 등장한다. 조상본풀이에는 구슬할망, 광청아기 등이, 삼성신화에는 삼처자가 있다. 설문대할망도 있다.

이 여신들은 천지창조에의 참여에서부터 마을의 형성, 기능분화에 따르는 마을의 분리 및 확산에 이르기까지 그리고 산육, 운명, 농경과 풍요, 치병, 수복, 자손과 집안의 보호, 마을과 바다의 수호, 원혼에 대한 치원의 기능에 이르기까지 실로 다양하고 중요한 일들을 맡고 있다.

원형은 신화 형성 주체들의 사유체계이다. 이는 자기 취향과 이데올로기를 가지고 있고, 물적 조건들을 반영하고 또 그 물적 조건들을 변화시키기도 하면서 역사적으로 관통되어 온 현실반영의 체계이다. 이 사유의 체계가 과학마저도 하나의 담론일 뿐이라고 이야기되는 카오스의 시대에, 다만 임상적 증거를 제시하지 못한다는 이유로 비논리적이고 비과학적이라고 경시받을 이유는 없다.

더구나 이 사유체계는 인간으로서의 본성과 문화라는 옷을 입고 나타나는, 따라서 원형 형성의 기반이 되는 자연환경이라는, 객관적이고 역사적인 맥락에서 형성된 논리이다. 이 점에 착안한다면 단지 신비한 이야기로 인식되는 신화의 얼개에서 구체적이고 타당한 삶의 맥락들을 살필 수 있을 것이다. 원형은 사실 장기지속의 역사다.

새로운 담론들

신화는 그 사회의 산물일 뿐만 아니라 그 문화에 대한 메타언어이기도 하다. 기존의 환경들에 대한 해석과 창조로 신화는 발생하며 그 신화의 해석을 통해 새로운 환경으로서의 문화가 창조되어 간다.

제주신화에는 우리나라의 대표적인 바리데기류의 신화와는 다른, 그리스신화나 세계의 여러 신화와도 다른, 위반과 전복의 여신들이 살아 숨쉰다. 무엇보다도 시사적인 점은 이런 위반과 전복의 지점들이 남성과의 대립으로 행해진 것이 아니라 바람직한 인간사회로의 지향을 향해 열려있다는 점이다.

이런 큰 흐름과 함께 자청비, 가믄장아기, 백주또 등 개체적이며 자립적 성격을 가졌던 여신들은 공동체의식을 자연스럽고 발전적으로 발현해 갔던 반면, 원강아미, 강림의큰부인, 노일저대구일의딸 등 공동체의식의 요구에만 매몰되어 살았던 여신들은 자신의 개체성을 얻어내는 데도 실패하고 결국은 공동체의식의 확보에도 실패하고 있음을 보게 된다.

공동체 의식은 개개의 개체성을 존중할 때 확실히 얻어질 수 있는 것이다. 자연스러운 시민사회, 성숙함의 공리는 완고한 규정과 금지가 아닌, 개체적 판단들이 억압됨이 없이 모여지면서 가장 매력적인 모습으로 존재할 수 있다는 것을 우리는 이 옛 이야기에서 확인하게 된다. 성숙한 시민사회라면 남성과 여성은 또 개인과 공동체는 서로에게 의미심장하게 존재하는 타자일 수 있을 것이다.

자청비

자청비
여성적인 너무나 여성적, 인간적인

자청비신화

옛날 김진국 대감과 자지국 부인이 부부가 되어 살았다. 가재와 전답이 많고 비복을 거느려 부러울 것 없는 살림이었으나 슬하에 자식이 없었다. 치성으로 불공을 드리자 여자아이가 태어났는데 앞이마엔 해님이요, 뒷이마엔 달님이요, 두 어깨엔 금샛별이 송송히 박힌 듯한 귀여운 아이였다. 자청하여 태어난 여식이라 〈자청비〉라 이름지었다.

자청비가 열다섯이 된 어느날 몸종인 느진덕정하님의 손이 하얗게 고운 것을 보고 '넌 어째서 손이 그렇게 고우냐'고 물었다. 항상 빨래를 하니 손이 고와지더라는 몸종의 말을 듣고 자청비는 주천강 연못에 빨래를 하러 갔다.

이때 하늘 옥황 문곡성의 문도령이 아랫녘에 글공부를 하러 내려오다 빨래하는 아기씨를 발견하였다. 둘은 첫눈에 반하였다. 문도령에게 반한 자청비는 문도령이 글공부를 하러 가는 것을 알고, 마침 동생이 글공부를 떠나려 하니 동생과 함께 벗하여 같이 가 달라고 부탁하고는 남동생인 체 남장을 하여 문도령을 따라 나섰다. 그 날부터 둘은 한솥 밥 먹고 한 이불 속 잠자고 같이 글공부를 하였다. 문도령은 자청비가 여자가 아닌가 의심했지만 자청비는 그때마다 꾀를 내어 대비했다.

은대야에 물을 떠다가 그 위에 은저 놋저를 걸치고서 옆에 두고 자는 자청비를 보고,

"너는 어째서 은대야에 물을 떠다 은저 놋저를 걸치고 옆에 놓고 자느냐?"

문도령이 물었다.

"글공부 올 때 아버님이 말씀하시기를 은대야에 물을 떠다 옆에 놓고 잠을 자되 은저 놋저가 떨어지지 않게 잠을 자야 글공부가 잘 된다 하더라."

문도령은 대야의 젓가락이 떨어질까 늘 걱정하여 잠을 설쳤고 자청비는 맘놓고 자니, 문도령은 글공부하며 졸고 자청비는 성적이 항상 장원이었다. 문도령은 무엇이든 한 가지는 이기고 싶었다. 그리고 가끔 수상하게 보이는 자청 도령이 남자인지 여자인지 확인하고 싶었다. 그래서 오줌 갈기기 내기를 생각해 내었다. 문도령은 여섯 발 반이나 오줌을 멀리 갈기고는 뽐냈다. 자청비는 대 막대기를 잘라 바지 가랑이에 넣고 힘을 써 오줌을 갈기니 열두 발 반이나 나갔다.

그러던 어느 날 문도령에게 하늘 옥황으로부터 편지가 왔다. 문도령은 글공부를 그만두고 집으로 돌아와서 서수왕딸아기한테 장가를 가도록 하라는 편지다. 이에 자청비도 사랑하는 님 문도령을 따라 떠날 차비를 했다. 주천강 연못에 이르자, 자청비는 목욕이나 하고 가자며 윗통으로 들고 문

도령은 아래통으로 들어갔다. 자청비는 저고리만 벗고 물소리만 내며 버드나무 잎을 뜯어 편지를 썼다.

'눈치 없는 문도령아, 멍청한 문도령아. 연 삼년 한 이불 속에 잠을 자도 남녀 구별 눈치 모른 문도령아'

버들잎에 쓴 자청비의 편지를 보고 문도령은 황급히 옷을 꿰어 입고 자청비를 따라 갔다. 집으로 온 자청비는 문도령을 기다리고 있었다. 자청비는 열두 폭 대홍 대단 홑단 치마로 갈아입고 문도령을 맞았다. 저녁상을 차려 겸상을 받고 만단정화를 나누면서 둘은 한 이불 한 요에 잣베개 같이 베고 연 삼년 속여 오던 사랑을 풀었다.

문도령은 박씨 한 알과 얼레빗 반쪽을 꺾어 자청비에게 주고 박씨를 심어 박을 따게 될 때 다시 만날 것을 약속하고 하늘로 올라갔다. 자청비는 박씨를 심었다. 그러나 박이 익어 가도 문도령은 돌아올 줄을 몰랐다. 겨울이 가고 봄은 왔지만 기다리는 문도령은 오지 않았다. 문도령 소문도 듣고 진달래꽃이라도 얻어 시름이나 달랠까 하여 굴미굴산으로 자기집 종인 정수남을 보냈다. 정수남이는 진달래꽃은커녕 소 아홉, 말 아홉만 다 잡아먹고 돌아와 문도령 핑계를 대었다. 굴미굴산 올라 보니 하늘 옥황 문도령이 궁녀 시녀 데리고 놀음놀이하고 있기에 정신 없이 구경하다 보니 소 아홉, 말 아홉은 온 데 간 데 없고 오리라도 잡으려다 옷도 도둑맞았다는 것이었다.

"정말 문도령이 왔더냐? 언제 또 오겠다고 하더냐?"

"모레 사·오시巳·午時에 또 오겠다고 합디다."

자청비는 정수남을 따라 점심을 차리고 굴미굴산에 올라갔다. 그러나 문도령은 없었다. 정수남은 기회가 있을 때마다 희롱하며 덤벼들었다. 깊은 산속의 자청비는 정수남에게 속았음을 알았으나, 꾀로 달랠 수밖에 없었다. 자청비는 정수남이 야수처럼 할딱거리며 달려들려 할 때마다 부드러운 소리로 달랬다.

밤이 왔다. 정수남이 또 덤비려고 하자 이렇게 사방이 트인 곳에서 어떻게 하냐며, 정수남에게 움막을 짓게 했다. 움막을 지으니 담구멍을 막게 했다. 정수남이 밖에서 다섯 구멍을 막으면 자청비는 안에서 두 구멍을 빼며 시간을 벌었다. 그러다보니 먼동이 텄다. 그제야 정수남은 속은 줄 알고 달려들었다.

"정수남아, 화만 내지 말고 내 무릎을 베어 누어라. 머리에 이나 잡아 주마."

자청비의 부드러운 말에 정수남은 자청비의 은결 같은 무릎을 베고 누웠다. 잠을 못 잔 정수남이는 그만 잠에 빠지고 말았다. 자청비는 이때다 하고 청미래덩굴을 꺾어 정수남의 왼쪽 귀로 오른쪽 귀로 찔러 댔다. 구름산에 얼음 녹듯 정수남이 죽어 갔다.

정수남을 죽이고 자청비는 말을 달려 집으로 돌아왔다. 그리고 부모님께, 종을 죽인 사연을 이야기하고 종이 하는 일을 대신 하겠다고 하였다. 부모님은 넓은 밭에 좁씨를 닷말 닷되 뿌려 놓고 그 좁씨를 하나 남김없이 주워 오라 했다. 자청비는 눈물로 다리를 놓으며 좁씨를 주웠지만 마지막 한 알을 줍지 못했다. 개미 한 마리가 그 좁씨 한 알을 물고 있었다.

"너마저도 내 간장을 태우느냐"

자청비는 좁씨를 빼앗고는 개미 허리를 발로 밟았다. 그래서 개미 허리가 홀쭉하게 가느다란 법이다.

자청비는 좁씨를 부모님께 갖다 바쳐 두고 남장을 하고 집을 떠났다. 아랫녘 마을 아이들이 부엉이를 잡고 다투고 있었다. 돈 서푼을 주고 그 부엉이를 사고 서천꽃밭으로 말을 달렸다. 서천꽃밭에는 꽃을 지키는 꽃감관 황세곤간이 있었다. 꽃감관은 밤이면 부엉이가 서천꽃밭에 날아와 울며 멸망을 주는데, 그 부엉이를 잡아 주면 사위를 삼겠다고 하였다.

자청비는 아무도 몰래 노둣돌 위에 옷을 홀랑 벗고 누워 정수남이의 혼령을 불렀다.

"정수남아, 혼령이 있거든 부엉이 몸으로 환생하여 원(怨)진 내 가슴에 앉거라."

그러자 정수남이 변한 부엉이 한 마리가 울면서 날아와 자청비 젖가슴 위에 앉았다. 자청비는 부엉이 두 다리를 꼭 잡고 화살 한 대를 찔러 윗밭으로 던졌다. 날이 세자 황세곤간이 왔다. 간밤에 부엉이 소리가 났는데 어떻게 됐느냐는 것이다. 자청비는 하도 고단해서 누워 있는데 부엉이 소리가 나는 듯하여 누운 채로 화살 한 대를 놓았으니 찾아 보라 하였다. 과연 부엉이는 화살에 맞아 떨어져 있었다. 황세곤간은 누운 채로 부엉이를 떨어뜨리는 자청비를 막내사위로 삼았다.

황세곤간막내딸과 자청비의 새 살림이 시작되었다. 그러나 석달 열흘 백일이 지나도 자청비가 부부 관계를 하지 않으니 막내딸은 부모님을 찾아가 하소연하였다. 자청비는 모레 서울로 과거를 보러 가야 하기 때문에 몸 정성으로 그런 것이니 염려하지 말라 하고, 과거를 떠나기에 앞서 막내딸과 서천꽃밭을 구경하였다. 자청비는 살 오르는 꽃, 피가 살아 오르는 꽃, 죽은 사람 살아나는 꽃들을 구경하면서 꽃을 따서 주머니에 넣었다.

자청비는 서천꽃밭을 하직하고 정수남이 죽은 곳을 찾아갔다. 정수남의 몸에 꽃을 뿌려 정수남이를 살려 부모님께 돌아 왔다. 그러나 부모님은 계집년이 사람을 죽였다 살렸다 하니, 그대로 두었다가는 무슨 일이 닥칠지 모른다며 어서 집을 떠나라 했다. 다시 자청비는 집을 나와 정처 없이 걸었다.

어디선가 베틀 소리가 들려 왔다. 주모할머니가 비단을 짜는 베틀 소리였다. 예쁜 자청비를 본 할머니는 그녀를 수양딸로 삼았다. 자청비는 베틀에 올라 비단을 짜며 평온한 나날을 보냈다. 그러던 어느 날 이 비단이 하늘 옥황 문왕성 문도령이 서수왕따님에게 장가드는 데에 폐백으로 쓸 비단이라는 것을 알게 되었다. 자청비는 눈물로 비단을 짜 나갔다. 자청비는 '가령하다 가령비, 자청하다 자청비'라 짜 넣어 비단을 마쳤다. 비단은 하늘 옥황에 바쳐졌고 문도령은 자청비가 짠 비단인 것을 알고 자청비를 만나려고 내려왔다. 자청비는 반갑고 기쁜 김에 장난을 걸고 싶어 창구멍으로 자신을 보는 문도령을 콕 찔렀다. 문도령은 화를 내며 하늘로 올라가 버렸다. 주모 할머니는 자청비가 말괄량이인 것이 비위에 거슬려 자청비를 내쫓았다.

그렇게 가버린 문도령을, 또 자청비는 온갖 고생을 하며 찾아다녀야 했다. 힘겹게 다시 만나게 된 둘은 문도령의 방으로 들어가 만단정화를 나누고 오랜만에 사랑을 풀었다. 부모님이 알까, 낮에는 병풍 뒤에 숨어 지내면서 며칠을 보내다가 자청비는 문도령에게 부모님의 허락을 맡도록 졸라댔다. 물론 그 방법도 소상히 일러주었다.

"새 옷이 따스합니까? 묵은 옷이 따스합니까?"

문도령은 자청비가 가르쳐 준대로 부모님께 물었다.

"새 옷은 보기는 좋지만 따습기는 묵은 옷만 못하다"

너무도 당연하게 부모님은 대답하셨다.

"새 간장이 답디까? 묵은 간장이 답디까?"

"달기는 묵은 간장이 달다."
"새 사람이 좋습니까? 묵은 사람이 좋습니까?"
"새 사람은 오래 길들인 묵은 사람만 못하다."
"그러면 부모님, 서수왕따님에게 장가들지 않겠습니다."

　부모님은 수수께끼의 뜻을 알아차리고 화를 내며 무서운 과제를 내걸었다. 쉰 자 구덩이를 파 놓고, 숯 쉰 섬에 불을 피워 작도를 걸어 놓고 작도를 타 나가고 다시 타 들어와야 며느릿감으로 인정하겠다는 것이다. 자청비는 작도 위에 올라 아슬아슬하게 칼날 위를 걸어나갔다. 작도 끝에 다다라 한 발을 땅에 내리려는 순간 발뒤꿈치가 슬쩍 끊어졌다. 자지 피가 불긋 났다. 자청비는 속치맛자락으로 얼른 싹 쓸었다. 그 법으로 여자 아이 열다섯 살이 넘어가면 다달이 몸엣 거(생리) 오는 법을 마련했다.

　땅에 내려서자마자 문도령의 부모님이 달려들어 며느릿감이 분명하다며 얼싸 안았다. 서수왕따님과의 약혼은 두말없이 무너졌다. 서수왕따님 아기는 화가 치밀어 방문을 걸어 잠그고 드러누웠다. 석달 열흘 백일이 지나 문을 떼고 보니, 서수왕따님아기는 새의 몸으로 환생되어 있었다. 그때의 일로 해서 이 새가 들어서 다정했던 부부간에도 살림의 분산을 시키는 것이며, 결혼 잔치할 때 신부가 상을 받으면 먼저 상위의 음식을 조금씩 떠서 상 밑에 놓는 법이 생긴 것이다.

　자청비와 문도령은 백년 가례를 올렸다. 어느 날 자청비는 자신을 남편으로 목놓아 기다리고 있을 서천꽃밭막내딸 생각이 났다. 자청비는 문도령에게 사실 이야기를 하고, 나 대신 서천꽃밭에 가서 보름을 살고 나한테 와서 나머지 보름을 살아 달라고 당부했다.

　문도령은 서천꽃밭으로 갔다. 서천꽃밭막내딸과의 살림은 너무나 달콤

했다. 보름만 살고 오기로한 문도령은 새각시에 빠져 한 달이 다 되어도 돌아오지 않았다. 자청비는 편지 한 장을 까마귀 날개에 끼워 보냈다. 문도령은 급한 김에, 관을 쓴다는 게 행전을 둘러쓰고 두루마기는 한 어깨에만 걸친 채 돌아 왔다. 자청비는 바쁜 김에 풀어헤친 머리를 짚으로 얼른 묶어 마중을 내달았다. 그때 낸 법으로 인간의 일생에서 부모가 죽었을 때가 가장 바쁜 때이니, 초상이 나서 성복하기 전에는 통두건을 쓰고 두루마기는 한 쪽 어깨에만 걸치는 법을 마련하고, 여자 상제는 머리를 풀어 짚으로 묶어 매는 법을 마련한 것이다.

그러던 중 하늘 옥황에 큰 난리가 일어났다. 난을 평정하는 자에게 땅과 물 한 조각을 갈라 주겠다는 방이 붙었다. 자청비는 옥황상제에게 난을 막겠다 약속하고 서천꽃밭으로 가서 멸망꽃을 따다 싸움판에 뿌리니 삼만 군사가 건삼 밭에 늙은 삼 쓰러지듯 즐비하게 나자빠져 난은 수습되었다.

하늘에서는 땅 한 조각 물 한 조각을 내어 주었다. 자청비는 사양하고 그 대신 오곡의 씨앗을 내려 주라 했다. 오곡의 씨앗을 내어 주니 문도령과 함께 7월 보름날 인간 세상에 내려왔다. 그래서 7월 보름날은 백중제를 지내게 된 것이다.

세상에 내려와 보니 정수남이가 배가 고파 휘청거리며 걸어가고 있었다. 자청비를 만나자 밥을 달라고 사정하였다. 자청비는 소 아홉을 거느리고 밭가는 장남들에게 가서 얻어먹어라 하였다. 정수남이가 가서 밥을 달라 사정을 해도 장남들은 밥을 아니 주었다. 자청비는 이 인정없는 장남들에게 흉년을 불러 주었다.

다른 쪽에 두 노인이 쟁기도 없이 호미로 밭을 갈고 있었다. 정수남이 밥을 달라고 하니 노인들은 자기 도시락의 밥을 정성껏 대접했다. 자청비는 비록 호미농사를 짓고 있지만 이 마음씨 좋은 노인들에게 대풍년이 들게 해 주었다.

　이리하여 문도령과 자청비는 농신인 세경이 되고 정수남이는 축산신이 되어 많은 목자를 거느리고 칠월 마불림제를 받아먹게 되었다.

자청비 원형

여성적인 너무나 여성적인

자청비는 제주의 일반신화 중 〈세경본풀이〉에 나오는 여신이다. 자청비가 등장하는 이 〈세경본풀이〉는 제주신화로는 보기 드물게 사랑에 관한 테마를 중심으로 이야기가 전개된다. 주인공인 자청비는 사랑의 여신이며 농경의 신이다.

우선 그녀는 무엇보다도 여성(취향)적인 여성 원형이다. 사랑의 여신이며 많은 여성들이 그렇듯, 사랑에 빠지고 그것에 완벽하게 몰두하고 지키기 위해 노력한다. 사랑에 목숨도 거는 자세다. 사랑만큼 그녀에게 큰 동기가 되는 것은 없다.

자청비의 부모는 사회적, 경제적으로 좋은 여건을 가지고 있다. 이들은 태어난 아이가 딸인 것도 별로 섭섭해하지 않을 만큼의 개방적 사고를 지녔지만, 반면 자청비가 일을 해야 하는 하인인 정수남을 죽였다 살렸다 함으로써 그들의 사회적 경제적 위치에 타격을 가할 수도 있다는 점을 알고는, 자녀로 인정하지 않을 만큼의 기득권 지향적인 인물들이기도 하다. 그녀는 시주가 모자라 아들이 아닌 딸로 태어나게 된 완전하지 못한 존재, 결핍된 존재이다.

자청비가 15세가 되었을 때, 아버지는 그녀에게 베틀을 만들어 준다. 무속신화에서 15세는 성인으로 가는 시기인데, 이 시기에 자청비는 해당 기득권 사회에서 여성으로서의 전형적인 일들, 실을 곱게 잣고 조신한 여성으로서의 아름다움을 가꾸는 일을 배워 간다. 빨래를 하여 손이 고와졌다는 말을 듣고 자청비는 손을 곱게 하기 위해 빨래를 하러 가기도 한다.

그녀는 이렇게 여성으로서의 아름다운 외형적 조건과 고유한 여성의 영역으로 인정되는 것들에 대한 찬사와 규정들을 경험하고 배운다. 자청비는 이런 여성성을 자청하여 불러들여 적극적으로 쌓고 활용하는 지혜를 갖추게 된다. 여성으로서의 본능과 여성에 대한 사회의 규정, 둘 모두를 그녀는 부정하지 않는다. 자청비라는 이름이 의미하는 완전치 못한 존재로서의 출생, 성장과정에서의 여성적 교육, 외형적인 아름다움에 대한 관심, 무엇보다도 사랑을 중요시하는 욕구 등은 그녀가 너무나 여성적인, 여성취향적인 여성 원형이라는 것을 보여준다.

여성해방의 선구자

자청비는 여성해방 선구자로서의 여성 원형이다. 이 모습 역시 머리띠를 두른 과격한 모습이기보다는 무척 여성적인 모습으로 시작된다.

그녀가 불평등한 성차별을 느끼게 된 계기는 사랑때문이다. 그녀는 사랑하는 사람을 만나기 위해 남장을 한다. 그런데 남장을 하고나서 그녀는 남성적 가치들만이 인정되는 세계를 배우게 된다. 그러나 그녀는 사랑을 이루어가면서 이런 성차별의 모순과 비인간성을 인식하고 또 극복한다. 그리고 아름다운 성과 사랑을 한 사람의 여성으로서도, 여성집단의 면에서도, 사회 전체의 구도에서도 성공적으로 실현시켜 나간다.

그녀는 남장을 한다. 융에 의하면 인간에게는 아니무스(남성성; 여성에게 내재된 남성적 요소)와 아니마(여성성; 남성에게 내재된 여성적 요소)가

혼재되어 있다고 한다. 분석심리학에서는 여성이 남장을 하고 남성이 여장을 하는 것은 단순히 변장으로서의 의미뿐만 아니라 여성은 남성다움을, 남성은 여성다움을 획득하는 의미라고 한다.

여성의 남장은 자신의 여성을 부정하거나 남성의 우월함을 동경하는 것일 수 있다. 잔다르크가 실제로 남장을 했고 이집트의 여왕은 콧수염을 길렀듯이 우월한 성인 남성을 지향하는, 나아가서는 여성성을 무로 돌려 말살하고 싶다는 욕구가 자리잡고 있는 것이다.

그러나 그녀가 남장을 한 것은 우월한 성인 남성을 외모만이라도 닮아 보려 했다거나 여성의 성을 무로 돌려 말살하고 싶다는 욕구, 열망이나 탈주의 의미라기보다는 아주 단순한 이유에서 시작한다. 사랑을 하기 위해선 문도령을 만나야 했기 때문이다.

사랑에 빠진 자청비는 곧 그녀가 여성이라는 사실이 남성과의 만남의 기회도, 그 남성을 사랑하기 위하여 필수적으로 알아야 할 남성의 세계로 들어가는 일도 금지하고 있는 세상의 질서에 부딪힌다.

가부장적인 문화는 사랑마저도 이루어낼 수 없게 하는 것이었다. 안과 밖, 사랑채와 안채, 과거를 보러 가는 시험의 길과 베틀을 짜는 수도의 길은 남성과 여성을 만날 수 없게 했다. 사회는 남성과 여성을 구분하고 남성과 여성의 성역할(sex roles)을 분리시키고 나아가 남성성은 긍정적인 것으로, 여성성은 부정적인 것으로 단정지었다. 여성은 시몬느 드 보봐르가 말하는 '타자the Other'로 단정지어졌다. 이 때 여성은 '남성과는 다른', 그래서 '결핍되고 불완전한'이라는 의미를 넘어서, 여성이라는 자체가 배제되고 있었으므로 정확히는 타자가 아니라 비인간이다.

여성이라는 낯선 타자에게 당혹함을 느끼게 되고 이 타자로 하여 자신을 되돌아보는 계기로 남성들에게 여성들이 존재하는 것이 아니었기 때문이다. 그녀는 고려되지 않았고 그러므로 남성의 앞에 서있는 의미심장한 타자가 아니라 비인간이었다.

이 사물의 질서에 자청비는 과감히 도전한다. 우선 그녀는 여성에게는 허락되지 않았던 글공부를 위해 부모를 설득하고 남장을 하여 자신의 목적인 사랑에 다가선다. 사랑의 극치는 다른 사람의 인격을 가장 가까운 곳에서 깊게 경험할 수 있다는 점일 것이다. 그녀는 남장을 하여 문도령의 세계(남성성, 남성적 경험과 성역할)로 들어간다. 그런데 거기에서 이번엔 자신이 사랑하는 바로 그 남성, 문도령을 통해 남성들의 일방적인 욕망, 그들의 오만과 편견을 배우게 되는 것이다.

합리적이고 객관적이며 엄격한 논리가 이 불투명의 세계를 모두 인식하게 하는 것은 아니다. 동기 유발의 장소는 언제나 가까이에 있다. 자청비가 남성중심의 불평등한 세계를 적나라하게 인식하게 된 동기는 다름아닌 자신과 가장 가까운 남성, 문도령이었다. 이 동기는 논리라기보다는 단순한 감정에서 시작되었으나 그 어느 것보다 구체적으로 세계를 인식해내는 계기가 된다. 굳이 사회의 모순을 지적하지 않더라도 문도령 한 개인 안에서 그것은 똬리를 틀고 앉아 있는 것이다.

자청비가 여자인 것 같은 느낌이 든 문도령은 시합을 제안한다. 그 시합은 남성적 정력겨룸의 상징인 오줌갈기기, 활쏘기, 말타기 등이다. 경쟁을 하면서 잡아야 할 가치로운 일은 남성의 일이었고 가치판단의 유일한 기준은 남성적인 잣대였다. 사회는 긍정적인 것과 부정적인 것, 가치가 있는 것과 없는 것의 구분에 남성적인 잣대만을 유일한 척도로 제시하고 있는 것이다.

자청비는 획득할 수 있는 기회들, 1등이라는 상품을 내 건 경쟁은 남성 내에만 있음을 느끼게 된다. 여성이라는 옷이 몸으로 하여금 움직임을 제한하고 끊임없이 질서를 따르게 하는 효과를 가지듯이 남성이라는 옷이 우월하게 규정하고 구획하는 것들을 남장을 하고서 온 몸으로 체험하게 되는 것이다.

어쨌거나 자청비는 그런 상황들 속에서 아름다운 외모나 베짜는 능력에 못지 않게 남성적인 영역들에(남성적 정력겨룸의 상징인 오줌갈기기, 활쏘기, 말타기) 대해 문도령, 남성보다도 더 높은 성취를 이루어 낸다. 이로써 남성적인 것이라 인정한 것들에 덤벼든 것은 물론이고 여성의 영역이라든가 남성의 영역이라 말할 수 있는 것은 사실 없다는 것을, 가부장적인 차별에 첫 번째로 기여하는 성과 성역할 구분의 위선을 자청비 원형은 보여주고 있는 것이다.

지속적이고 다정한 그녀의 여성주의

이런 과정을 거치면서 자청비의 여성주의는 가장 결정적인 순간에 역시 그녀답게 여성취향적인, 여성지향적인 페미니즘을 선택한다. 난을 평정한 상으로 옥황상제가 '땅 한 쪽, 물 한 적'을 내어주지만 그녀는 사양하고 '오곡의 씨앗'을 내려주라 한다. 결국 그녀는 '땅 한 쪽, 물 한 적'이 의미하는 남성적인 지배나 관리보다는 '오곡의 씨앗'이라는 민중적이고 여성적인 풍요와 생산을 택하고 지상으로 내려오는 것이다.

자청비 원형은 역시 하나의 밀알처럼 시작은 미미하나 끝은 창대한, 사소한 것들에서 원대한 가치들을 일구어내는 지속적이고 다정한 방법, 여성들의 특성을 그대로 보여 준다.

　오곡의 씨앗은 땅 한 쪽, 물 한 적처럼 지배와 관리의 질서를 필요로 하지 않는다. 오곡의 씨앗은 그들의 밭에서, 땀 흘리는 실제의 삶 속에서, 그리고 실패와 수고를 거듭하면서 많은 수확을 꿈꾼다. 오곡의 씨앗은 지배와 관리라는, 배제되고 단호하며 원리원칙적인 접근이 아니라 감히 예측할 수 없는 인간관계처럼 늘 수고하는, 다정하고 계속적인 접근을 필요로 한다.

　자칫 이 선택은 여성집단적인 요구를 거스르는 것으로 보일 수 있다. 그렇게 보이는 것은 다양한 경제적, 사회적 인간관계들에 있어 남성과 여성이 불평등의 관계와 문화를 형성해 왔고, 그런 사회에서 개인으로서의 여성보다는 여성집단의 질곡을 풀 수 있는 '땅과 물의 지배 혹은 관리'라는 정치적인 선택을 먼저 해야 할 요구와 필요가 있기 때문이다.

　그러나 자청비가 땅 한 쪽 물 한 적을 거절하고 오곡의 씨앗을 택한 것에 대해, 여성은 역시 객관적인 분석에 서툴고 사회의 결합관계들을 잘 인식하지 못하며 그 질서를 다루는 데도 역량이 없고 소극적일 수밖에 없는 존재들임을 재확인하는 지점으로 삼는 것은 지나치게 도식적이다. 남성성이 만들어낸 묘미와 성과들을 배제하지 않을 때 정말로 추구해야 할 인간주의(인간적인 여성주의)가 될 수 있듯이, 자청비가 선택한 오곡의 씨앗은 남성성이 만들어낸 땅과 물에 대한 지배와 관리의 묘미와 성과들을 배제하지 않을 때 성공할 수 있는 것이기 때문이다. 따라서 이 선택은 남성중심적 관점 안에서 피지배자로 영원히 종속되게 하는 약자의, 약할 수밖에 없는 체념의 선택이라기보다는 인간을 중심에 두면서, 남성을 제외시키거나 대립시키지 않는 선택이라고 할 수 있다.

눈물겨운 페미니즘의 역사

자청비는 사실 페미니즘의 역사를 그대로 보여준다. 사랑에 모든 것을 거는 여성들, 그 아름다운 마음이 한 남성을 사랑하게 되고 그러나 그 사랑하는 남성 앞에서 의미 있는 타자로 인정받지 못하는 여성들은 남장을 하고 그들의 가치를 얻기 위해 그들보다 서 너 배의 노력을 기울여야 했다.

밥을 짓고 청소를 하고 육아를 책임지면서 동시에 커리어의 성공도 이루어야 하는 슈퍼우먼이 되어야 했다. 남장을 한 잔다르크가 알고 보니 여자였기 때문에 숭앙되었듯, 자청비의 페미니즘도 남장을 하고 남성적인 영역의 남성적인 가치들 그 근처에서 그것의 통제권을 놓고 싸우면서 서너 배로 힘이 들었음은 물론이다. 어쨌든 여성임에도 불구하고 해냈다는 칭찬들이 모이면서 여성들의 지위향상에 일정 정도의 기여를 했지만 남성들의 오만과 사회의 편견은 여전했고, 여성들은 슈퍼우먼 콤플렉스에 진저리가 났다.

여성이 성공하는 것은 남성적인 것 안으로 들어가 그것을 획득할 수 있는 전제에서만 가능했다. 남장을 한 자청비가 느꼈듯 인간의 권리는 남성의 권리였다. 자청비처럼 인간으로 인정받기 위해서는, 인간의 권리를 확보하기 위해서는 남성들의 영역이라고 인정되는 부분들을 차지해야 했고 이미 자신 안에 체화된 여성적 경험과 이미지도 부정하는 소외와 왜곡의 어려움을 맛보아야 했음도 물론이다.

능력이나 지적인 부분에서 당당한 그녀들마저도 남성중심의 사회에서 살아남기 위해서는 시시때때 가면을 차용하고, 당당하고 지적인 여성과 헤픈 접대부 사이를 왔다갔다하는 이중의식 속에 시달려야 했다.

보다 성숙한 인간적인 해법이면서 개체성이 중요시되고 있는 현재와 미래의 담론들 속에서, 진정으로 개체성을 보장받기 위해 지금까지와는 다른 어떤 수정을 필요로 하고 있다면, 우리는 이 옛날 이야기인 자청비에게서 바로 그것들을 뽑아낼 수 있다고 생각한다.

이제 많은 여성들은 여성으로서의 자신들이 지니고 있는 경험과 특성들을 잃지 않으면서 인간으로서의 권리를 획득하는 길을 원한다. 자청비 원형은 이런 페미니즘의 성과와 문제를 온몸으로 안고 살아온 여성들에게 의미 있는 제안을 한다. 여성을 잃지 않으면서, 여성임을 포기하거나 자신을 남성화시키면서 자신의 내부에 자연스럽게 이미 들어와 앉아 있는 여성으로서의 정체성을 의도적으로 변화시키는 수고를 하지 않으면서, 또한 남성을 배제시키지 않으면서, 지속 가능한 여성해방, 인간해방의 모습을 보여주는 것은 중요하다.

뿐만 아니라 남성적인 땅과 물에 대한 분석적이고 과학적이고 경쟁적, 도발적인 탐사가 배제되지 않음으로써 오곡의 씨앗이 가지는 여성적인, 즉 직감적이고 경험적인 선택, 공동체적인 조화와 상호부조의 정신들 역시 더욱 풍요로운 열매를 맺을 수 있을 것이다. 남성과 여성의 이분법적인 구도 속에서 여성들을 해방시키기 위한 노력들은 궁극적으로는 모든 지배와 억압을 극복하는 쪽으로 모아져야 할 것이다. 그 노력들은 또 다른 모양의 지배와 종속관계로의 회귀가 아니어야 하며 남성지배의 현실에 있는 남성까지를 포함하는, 진정한 인간성을 위한 노력이어야 한다는 것을 기억하는 일은 중요하다.

자청비 원형은 영원함을 추구하는 본성을 가진다. 사랑은 사실 슬기롭고도 분별 있게 사는 것을 방해하는 경우가 많다. 그러나 그녀의 내적운동은 여성성의 획득 → 양성성의 수용 → 인간성의 실천이라는 창조적인 모습으로 사랑을 완성해낸다. 그 모순 많은 사랑 속에서도 그녀는 '인간'을 이루어내는 것이다.

인간이 가지는 한계 또는 여성들이 가지고 있는 한계라고 하는 것은 다른 말로 표현하면 인간의, 여성의 특성이라고도 할 수 있을 것이다. 자청비는 이런 한계들을 인간관계의 풍부함을 열어주는 계기로, 삶의 적극성과 긍정성을 위한 계기로 인식하고 실천하는 지혜로운 모습을 보인다. 앞서 살폈지만 이런 자청비의 선택은 여성집단의 지향점과 위배되지 않을 뿐 아니라 남성들도 포함시키는 선택이다.

가장 중요한 것은 사회적 필요나 요구에 의해 강요된 것이 아닌 자청비라는 여성 개인의 취향에 맞는 선택을 함으로써 지속적이고 경쾌하게 여성집단과 사회 전체적인 지향에 기여할 수 있다는 점이다.

타자와의 조화 속에서

남성과 여성이라는 용어는 단순한 구분을 넘어 차별의 기의를 내포하고 있다. 남성의 반대말은 여성?

그러나 사실 이 둘은 인간적 유사성을 가지고 있는 비슷한 말이다. 구분과 차이를 전제로 하더라도 한 인간 안에는 누구든 남성적인 면과 여성적인 면을 동시에 가지고 있다.

버지니아 울프가 〈올란도〉라는 작품을 통해서 나타낸 것처럼 자청비 역시, 남성적인 면과 여성적인 면이 한 인간 속에서 서로 조화된 모습을 보여줌으로써 양성론적 페미니즘을 실천한다.

그녀에게는 남성이냐 여성이냐 하는 생물학적인 성도 중요했지만 동시에 그녀의 삶을 작동시키는 과정에서 선택하는 사회적 성 역시 중요했다. 그녀는 자신의 생물학적인 여성에 애착을 가지고 사랑하면서, 사회적 성으로서는 남성과 여성을 모두 포함한 양성적 형태, 즉 '인간'을 택한다.

드 보봐르는 '타자'로서의 여성의 정체성, 그리고 여성이 당하는 근본적인 소외가 부분적으로는 여성의 몸, 특히 출산 능력에 기인하는 것이라 했는데, 그래서인지 자청비 여신에게는 아이가 없다. 자청비에게 아이가 없는 이유는 여성의 몸, 고유한 출산능력을 거부한 까닭이라고 보기는 어렵다. 자청비는 여성임을 기뻐했고 인간적이며, 사회적인 것들에도 애착을 가지는 여신이었기 때문이다.

'여성'의 출산은 생물학적 여성 고유의 능력인 동시에 행복을 추구하는 사회적 '인간'으로서의 요소이기도 하지 않을까? 남성의 기쁨, 남성적인 필요, 남성이라는 존재만이 있는 사회에서는 수정과 임신이 될 수 없다.

남성들에 의해 여성들이 기만당하고 있다면 그 남성 역시 인간으로서 소외된 상태일 것이다. 자청비는 남성들의 기만과 자기중심성을 알지만 남성들의 그런 요소는 대여성이라는 잣대보다는 대인간성이라는 잣대 속에서 고쳐가야 한다고 생각한다.

가부장제는 남성에게도 억압이 되고 상처가 된다. 남성은 남성 스스로, 여성은 여성 스스로 인간적인 가치를 지향할 수 있다면, 삶을 풍요롭게 하는 '구별'은 차별을 동반하지 않을 수 있을 것이다.

처음 그녀가 남장을 한 것은 사랑이라는 단순하고 내부적인 것, 지극히 개인적인 이유였다. 그러나 여성이기 때문에 그녀가 체험해야 했던 모순들은 지극히 인간적인 결정들을 내리는 자청비에 의해서 자연스럽게 인간으로서의 여성의 권리를 획득하는 것으로 확장된다. 그녀는 엉키고 설킨 실타래를 알렉산더처럼 단칼에 베어버리는 대신 꼼꼼하게 연거푸 실수도 해가며 다정하게 풀어낸다. 타자와 함께, 타자와의 조화 속에서 그녀를 실현해 나가는 것이다.

'다섯 구멍을 막으면 두 구멍을 빼고' - 그녀의 성

자청비 원형은 자유롭고 도전적이며 자기기획적인 여성 원형이다. 그녀가 여성적인 자기애를 가지고 이 자기애를 구체적으로 추구할 의도로 이루어진 외출에서 남성을 만난다는 것, 사랑의 기회를 가지게 된다는 것은 상징적이다. 그녀는 손을 곱게 하고 싶어서 빨래터에 빨래를 하러 간다. 그곳은 은밀한 샘이었다. 문도령은 글공부를 하러 가는 도중에 목을 축이려 그 곳에 들렀다. 자청비의 외출이 지극히 여성적인 것이었다면 문도령 역시 지극히 남성적인 외출의 와중이었다. 그러한 여성성과 남성성이 만나 호기심 속에서 사랑이 시작된다. 현실의 우리들은 서로 다른 두 개의 성이 만나 사랑을 시작한 것을 쉽게 잊어버리고 곧 이 차이, 서로 다름을 인정하려 들지 않음으로써 아름다운 사랑을 깨고만다.

사랑에 대립되는 것은 사회의 질서였다. 사실 사회는 애초에 사랑의 여지를 주지 않았다. 남성과 여성이 얘기를 건네는 것은 방자한 짓이요, 집 안에 존재하는 여성과 성공의 길을 떠나는 남성은 서로 만날 수가 없었다. 쓰개치마로, 부채로 서로 가렸다.

그러나 인간 감성을 존중하는 자유로운 그녀는 도그마화된 것들에 의해 인식의 지평이 제한되는 것에 반항하고 또 포용해 가는 모습을 보여준다. 자청비는 자신의 사랑을 이루기 위해 이미 고착화된 사고를 가지고 있는 부모를 설득시킬 뿐 아니라 거짓말도 한다. 그녀는 문도령을 만나기 위해 여성에게는 금지된 공부를 위하여 부모님을 설득하여 남장을 하고 집밖으로 길을 떠난다. 그리고 사회에서, 남성만의 영역으로 규정한 글공부에서 남성을 압도한다.

그녀는 문도령이 15세가 안 되었다고 부모에게 거짓말을 함으로써 문도령을 자신의 방에 들여놓았다. 샘에서 먼저 목욕을 제안하는 것도 자청비이다. 그녀는 좋아하는 문도령을 적극적으로 청하여 여성으로서의 성적 매력을 보여준다. 목욕을 하고 예쁜 옷으로 갈아입고 문도령을 맞이하여 만단정화를 푸는 것도 그녀에 의해서이다. 술 석 잔 마시며 첫날밤을 보내자고 제안하는 것도 그녀다. 그녀의 성은 감추어져 있거나 그늘져 있지 않다.

반면 자신을 범하려는 정수남을 퇴치하고 그 폭력성을 응징할 때 그녀의 방법은 경쾌하고 재기발랄하다. 정수남과의 밤, 이 부분은 다분히 두 사람 간의 성행위를 암시하는 부분이다. 자청비는 정수남이 그녀를 폭력적으로 범하려 하자 부드러운 목소리로 달래고 사방이 터진 곳에서 어찌 이런 은밀한 행위를 하냐며 움막을 짓도록 한다. 움막을 다 짓자 이번에는 숭숭 터진 구멍을 막도록 한다. 정수남이 밖에서 다섯 구멍을 막으면 자청비는 안에서 두 구멍을 빼며 시간을 번다.

이른바 남성적인 것의 위대한 표출은 삽입과 사정이라는 성과에만 집중되어 있다. 말하고, 만지고, 바라보고, 껴안는 애정으로 가득 찬 은밀한 경험들로 오히려 더욱 만족한 성생활을 할 수 있는 여성들과는 달리 남성들은 성기 중심의 삽입과 정복의 과격함이라는 섹슈얼리티에 경도되어왔다.

이런 점은 일반적으로 여성을 맷돌의 아래쪽에 고정시켜 놓아두는 이미지와 함께 한다.

자청비신화의 '다섯 구멍을 막으면 두 구멍을 빼고'의 표현은, 보통 '윗부분은 움직이며, 반면 땅에 고정되어 부동적인 하체를 지니는 맷돌'로 얘기되는 성적 표현보다 훨씬 풍부하고 다양한 의미를 지니는 장면이다.

맷돌에서 움직임은 위의 맷돌, 즉 남자의 몫이다. 그러나 자청비신화는 그 움직임이 남성만이 아닌 여성과 함께 이루어지고 비로소 충족될 수 있음을 보여준다. 다섯 구멍을 막으면 안에서 두 구멍을 빼내었다는 말은 불충분한 성애가 되고 있다는 표현이고, 사랑이라는 내면적 동기가 없이 이루어지는 육체적 행위들은 언제나 구멍이 뚫릴 수 있다는 것 그리고 여성 역시도, 사랑이라는 감정 없이 육체적인 본능만으로 섹스를 할 수 있다는 것을 동시에 보여준다. 그녀의 성기는 물리적으로 뚫린 단순한 구멍을 넘어 그녀의 인격과 쾌락의 장소인 것이다.

이렇게 자청비는 사랑과 섹스에 대해 남성들의 일방적인 행위에 과감하게 그녀의 목소리를 내고 있다. 아마 섹스에 대해서도 자청비처럼 자신의 의도와 상태를 충실히 반영하고 있는 기획은 타자, 남성의 섹스도 성공적으로 이루어내게 할 것이다.

자청비 원형은 위기의 순간에도 지혜롭고 현명하게 대처하는 여성성을 보여준다. 신화에 나타나는 상대인 문도령은 지적이고 정적이며 사회적 가치와 관습적인 도덕에 충실한 이성적인 인물이다. 한편 또 다른 상대로서의 남성인 정수남은 어디까지나 수면욕, 식욕, 성욕 등에 충실한 본능적 인물이다. 정수남이 그녀를 범하려고 하자 그녀는 꾀를 내어 그를 마음껏 조롱하고 죽인다. 문도령과의 경험이 사회적 관계에 속하는 것이었다면, 정수남과는 본능적인 관계에 속하는 것이었다. 자기 주장과 자기표현이 뚜렷한 자청비는 두 남성과의 직접적인 만남을 통하여 자신이 여성임을 더 깊이 인식하며 문도령의 남성도, 정수남이의 남성도 거부한다.

　사회적으로도 성적으로도 남성은 일방통행의 소통, 즉 폭력을 행하고 있는 것이다. 자청비는 이런 폭력의 모순을 적나라하게 노출하고 그 모순을 없애기 위해 스스로 폭력적이 되는 것이 필수적임도 보여준다. 그녀는 문도령의 세계에 들어가 그들의 질서가 얼마나 취약하고 허무맹랑한가를 밝히며, 뿐만 아니라 정수남이 남성적인 물리적 힘으로 자청비를 농락한 것처럼 그녀 역시 성적인 여성의 매력으로 정수남이라는 남성을 농락하고 이용하기도 한다.

　서천꽃밭에서 자청비는 꽃감관의 신임을 받기 위해서 꽃밭을 망쳐놓는 부엉이를 잡아야 했다. 자청비는 꾀를 내어 노둣돌 위에 옷을 홀랑 벗고 누워 정수남이의 혼령을 불렀다.

"정수남아, 혼령이 있거든 부엉이 몸으로 환생하여 원(怨)진 내 가슴에 앉거라."

　그러자 정수남은 또 욕정에 눈이 멀어 그녀를 범하려다 그녀에게 죽임을 당한 것을 까마득히 잊고 부엉이로 변해서라도 자청비의 젖가슴 위에 앉는다. 덕분에 그녀는 간단하게 부엉이를 잡았다. 그리고는 부엉이에게 활을 놓아 꽃밭에 툭 던져둔다. 이렇게 부엉이를 잡은 자청비는 꽃감관의 신임을 얻어 그녀의 사위가 될 수 있었다.

여성에게만 내려지는 심사, "며느릿감으로 인정하마."

　겨우 문도령을 만난 자청비는 문도령의 방에서 문도령과 만단정화를 나누며, 낮에는 병풍 뒤에 숨어 지낸다. 곧 서수왕 따님에게 장가를 들 몸이지만 문도령은 자청비를 사랑하고 있고 또 이미 그녀와 약속한 사람이다. 곧 자청비는 그에게 당연하고도 옳은 선택을 하도록 요구한다.

      ???? ?? ??? ?? ?? ?? ??? ???, ???? ???
  ? ??? ??? ????. ?? ? ??? ??? ?????. ???
  ? ???? ????.
  「? ?? ?????? ?? ?? ??????」
  「? ?? ??? ??? ???? ?? ?? ???」
  「? ??? ???? ?? ??? ????」
  「??? ?? ??? ??.」
  「? ??? ????? ?? ??? ?????」
  「? ??? ?? ??? ?? ??? ???.」
  「??? ???, ??? ???? ???? ?????.」
      ???? ????? ?? ????? ?? ?? ??? ??? ??
??. ? ? ???? ? ??, ? ? ?? ?? ?? ??? ?? ?? ?
?? ? ??? ? ???? ?????? ????? ???. ???
? ?? ?? ?? ????? ?? ?? ?????.

      자청비가 당하는 이 심사의 과정은 남성중심의 일방적인 사회의 모순과 부조리를 단적으로 보여준다. 겨우 문도령을 만나고 자신과 결혼하도록 그의 부모님을 설득시키는 과정에서 그녀는 옳은 선택이란 것은 건전한 상식을 가지는 한, 아주 간단한 것임을 상기시켜 준다. 자청비신화에서 옳은 행동 또는 극히 상식적인 행동들은 왜곡되기 일쑤이다. 일방적으로 행동하는 못된 문도령에게 자청비가 화를 내는 것은 당연한 일인데도 주모 할머니는 심술궂은 계집이라며 쫓아내 버린다. 자신을 희롱하다 자청비에게 죽임을 당한 정수남을 자청비가 다시 살려내자, 부모님은 계집년이 사람을 죽였다 살렸다하니 놔두면 무슨 일을 할런지 모른다며 집을 나가라고 한다. 묵은 간장이 달다는 것을 다 아는 데도 모두 딴청을 피우고 있다.

  오늘날의 현실에서도 우리는, 다만 상식적으로 살아가는 일에 지나지 않은데도 그것이 너무나 어려운 일이라는 것을 자주 느낀다. 자유와 평등과 인간의 존엄성은 너무나 생소하다. 부패에 분노하는 것은 부패를 모른 척 덮어두는 것보다 훨씬 어렵다. 가난하고 결핍된 사람들에 대하여 동정심을 갖는 상식적인 일은 종종 위선이 되기도 한다. 타인의 자유와 선택을 존중하는 사람들은 늘 미련한 사람이 되어버린다. 양보하면 바보같은 사람이 된다. 선생님 말씀을 잘 듣는 학생도 왕따다. 남성에게 자신의 권리를 얘기하는 여성들은 시끄러운 여자가 되어버린다. 낮엔 직장에 가고 집에 돌아와 아이들 숙제와 설겆이를 동시에 하고 있는, 고무장갑을 낀 아내가 힘들 것이라는 것은 꼭 밝히지 않아도 다 아는 일이다. 그런데도 남편들은 비스듬히 누워 TV를 보면서 물이나 한 잔 주라고 소리친다. 부부는 제삿날이나 같이 챙기는 오촌당숙뻘인 존재이다. 서로의 책임을 지키며 살아가는 모습은 귀한 모습이 되어 버렸다.

  이 모두는 권력과 돈과 그리고 남성적 가치들이 만들어 놓은 사회의 왜곡된 모습일 것이다. 자청비는 자신의 원동력이 되는 내적 동기인 사랑, 문도령과 문도령을 둘러싼 관계 속에서 이 불평등하고 제멋대로인 세계의 구조들과 만나게 된다. 즉 남성들이 가지는 우월한 힘은 자연스럽고 역사적인 것으로, 저절로 그렇게 되는 것처럼 주어진다는 점을 바로 그녀의 문도령을 통해 목격하게 되는 것이다.

　남성에 대한 심의 과정은 없다. 문도령이 자청비의 남편이 되는 데는 어떤 심사나 심의 과정도 없다. 그러나 자청비는 며느리가 되기 위해서 죽음을 불사하는 심사와 심의를 받아야 한다. 삼척동자면 다 알 수 있는 아주 상식적인 일들, 너무나도 당연하게 인정되고 받아들여져야 할 부분들을 자청비는, 여성들은 상처받고 심사를 거치면서 얻어내야 한다.

　사회는 피지배자에게, 가난한 사람들에게, 여성들에게 마치 자청비에게 가했던 것처럼 이해할 수 없는 심사들을 한다.

정체성이란 타자를 받아들이는 아픔

　자청비에게는 어른으로서의 성숙함이 있다. 자청비가 매력적인 것은, 힘든 과정을 거치면서 그녀가 얻은 인간적 가치들을 그녀의 삶 속에 실현시켜 가는 어른과 같은 성숙함이 있기 때문이다. 이런 성숙함은 마침내 자청비 자신의 내적 동기인 사랑에도 미치게 된다. 누구도 해내기 어려운, 공유할 줄 아는 사랑의 포용성을 그녀는 보여주는 것이다.

　그녀는 서천꽃밭의막내딸에게 문도령을 남편으로 보낸다. 서천꽃밭의막내딸은 남장을 한 자청비가 문도령을 찾아가는 와중에 그녀를 남자로 알고 결혼한 여성이다. 서천꽃밭의 딸이 애타게 자신를 기다리고 있을 거라는 생각에 미안해진 자청비는 남편인 문도령을 여성의 생리적 주기인 한 달의 반, 보름 동안을 그녀에게 보낸다.

　아무리 자신으로 인하여 상처를 안고 고통을 당하면서 살아가는 사람이 있다 하더라도 자신에게 상처를 내면서까지 그 상대를 위해 애쓰기란 어렵다. 고작해야 남아도는 것을 덜어줄 뿐이다. 물론 사랑을 공유하는 것은 배타적인 개인적 사랑의 욕구를 무시하는 것이기도 하지만 자청비와 서천꽃밭막내딸의 경우는 그 조건이 조금 다르다. 자청비가 문도령의 사랑에 욕심을 내는 것은 당연한 모습일 수 있다. 하지만 서천꽃밭의막내딸에게 일방적으로 가해진 상처와 차단의 벽은 자청비만이 허물어줄 수 있는 것이기 때문이다.

지극히 개인적이고 본능적인 영역에 속할 수밖에 없는 부분을 동시에 아주 사회적인 초자아로 확장시킬 수 있는 사람은 흔하지 않다. 개인과 본능이 욕구라면 초자아는 도의이기 때문이다. 자청비는 아픔을 겪음으로써 비로소 자유로워진 것이며 그 무한한 열림을 '소유'라는 지극히 사적인 영역에서도 성취시키는 강인한 모습을 보여주는 것이다.

이 지점에서 자청비는 여성해방의 추구에 선도자적인 경영의 미를 보여준다. 그 경영의 미란 합의의 방식과 각 인간관계를 중시하면서 동시에 개인의 사회적 지평을 확장시키는 것이다. 이로써 그녀는 감정적이고 따뜻하면서 보다 카리스마적인 권위를 가지게 된다. 그녀는 남성과 사회에 의해 부단히 심사당하면서 성취해낸 것들을, 특히 어쩌면 개인적으로는 자신과 적대적 관계일 수 있는 타 여성인 서천꽃밭의막내딸과 공유함으로써, 사회로의 지평을 확대시킨다.

그녀는 자신을 내보이면서, 남을 받아들이면서 그녀의 존재를 뚜렷하게 한다. 이런 자청비의 특성은 '관계'를 고정불변의 것으로 생각하지 않는 데서 나온다. 자청비와 문도령의 관계는 일방적이거나 불변의 고착된 것이 아니다. 관계의 고착화로 인한 타자에 대한 인식의 부재는 인간관계의 여지를 남겨두지 않는다. 여지를 남겨두지 않는 커뮤니케이션은 결국은 파행의 원인이 된다. 비효율적인 의사소통으로 인하여 남편은 아내에게, 아내는 남편에게 식상하고 뻔하며 시시하게 된다. 그렇게 되지 않을 수 있는 여지는 남편과 아내, 부모와 자식, 친구라는 관계를 고정된 관계가 아닌 살아 숨쉬는 개체적 인간으로 상대를 우선 인식하는 데서 온다.

가면도 필요없고, 쓰개치마며 삿갓도 필요없는

자청비 여신은 개방적이고 자유분방한 제주여성들의 원형이다.
유교가 점차 고착화된 한반도 지역 여성들의 남성들에 대한 내외의식, 불평등의식과는 달리 제주도에는 내외의 법도가 훨씬 덜하였다.
남녀칠세 부동석이나 부부유별의 엄격한 풍습이 진행되는 사회에서 외간 남자와 여자가 얼굴을 맞대고 말을 건넨다는 일은 상상하기 어려운 일일 것이다. 특히 여성들은 얼굴과 몸을 가리고 다녀야 했다. 그러나 제주에서는 쓰개치마며 삿갓이 없었다. 유교적 질서를 중시했던 사람들은 쓰개치마나 장옷으로 얼굴을 가리고 시선을 내리깐 채 얌전히 걸어다니지 않는 제주여성들의 모습을 보고 교양이 없는 사람들이라고 얘기하기도 했다.
자청비는 먼저 구애하고 같이 공부하자며 문도령을 따라 나선다. 목욕도 먼저 하며 술 석 잔 마시고 천상배필 맺자고 제안한다. 문도령을 처음 만나는 장면에서 물바가지에 물을 건네며 나뭇잎을 물에 띄워 준 그녀에게 '무슨 까닭에 물에 티를 넣고 주느냐'고 문도령이 묻자, 그녀는 '하나는 알고 둘은 모르는 도령님아'라고 응수한다. 성에 대해서도 부끄러워하지 않는 자청비는 사랑하는 문도령 앞에 예쁘게 옷을 차려 입고 여성적인 매력으로 유혹한다. 시선을 내리깔거나 춘향이처럼 향단이라는 중간자를 필요로 하지도 않는다. 아마 문도령이 거절했다 하더라도 그것 때문에 화를 내거나 무안해 하지도 않았을 것이다.

이 자유스러움은 남성에 대해서뿐만 아니라 좀더 나은 것에 대한 자유스러움이다. 그녀는 거침없고 자유롭다. 개방적이고 자유로운 그녀는 그녀가 생각하는 바를 숨기려 들지 않으며 가면을 쓰고 위장을 하지도 않는다.

신화에 보면 온갖 상실과 고통을 극복하며 겨우 문도령을 만나게 된 자청비는 막상 문도령이 자신을 만나러 오자 그동안 기다리게 한 것이 미워 심술을 부린다. 자청비는 창문에 구멍을 내어 그 구멍으로 자신을 보라고 말한다. 문도령이 그 구멍에 눈을 대고 안을 들여다 보자 자청비는 손가락으로 문도령의 눈을 찔러 버린다. 남녀간 법도를 주장하는 사람들에게 감히 여성의 이런 행동은 받아들여질 수 없다. 위신, 형식 또는 사물에 대한 고착화된 규정들이 인간관계의 다양함을 막아버리고 있기 때문이다.

많은 신화에서 몰래 엿보는 행동은 보통 비참한 결과를 만드는 돌이킬 수 없는 실수로 묘사되곤 한다. 하회마을의 허도령은 마을을 구하기 위하여 열두 개의 탈을 만드는데 그를 사모하는 마을의 처녀가 창문에 구멍을 내고 허도령을 엿보자 그는 그만 피를 토하며 죽어버린다. 일본의 신화에서도 이자나기는 이자나미를 몰래 봤다가 낭패를 당한다. 푸시케는 에로스를 몰래 봤다가 아프로디테의 많은 심술들을 견뎌내야 했다. 사랑하는 에우리디케가 독사에 물려서 죽자 오르페우스는 별 고생을 다 치르며 그녀를 데려오는데, 도중에 돌아다보지 말라는 명을 어겨 다시 저승으로 떨어지게 되고 만다. 자청비는 우여곡절 끝에 사랑하는 문도령을 겨우 만나지만 화가 난 문도령은 그만 돌아가 버렸다.

몰래 엿보는 이 부분은 무척 의미심장한 암시를 담고 있는 부분이기도 하다. 남을 엿본다는 것은 아주 강한 호기심, 관심과 애정의 표현이라 할 수 있지만 사실 인간관계에 있어 일종의 폭력이다. 그러나 보통 이 폭력은 폭력이라기보다는 욕구 충족의 한 표현으로 자연스럽게 인정되고 있다. 이런 점 때문에 이는 너무 만연되어, 자연스런 질서처럼 행해지는 남성의 여성에 대한 폭력과 닮아 있다. '너무 사랑해서 엿본다', '너무 사랑해서 아무 데도 못 가게 한다', '너무 사랑해서 때린다'가 된다. 이런 폭력의 맹점은 폭력을 행하는 사람도, 당하는 사람도 너무 사랑해서 그런 것이라고 생각해 버린다는 데 있다. 결국 이런 폭력은 그 본질을 잘 인식하지 못함으로 해서 폭력적 질서를 은밀하고도 자연스럽게 고착화시키는 비극적 결과를 낳는다.

문도령은 사실 자청비에게 폭력적이었다. 사랑을 나누고 평생을 약속하고도 그는 돌아올 줄 몰랐으며 더구나 장가까지 들려 했다. 그를 찾고 기다리던 자청비는 문도령의 혼사 때 폐백으로 쓸 비단에 '가령하다 가령비, 자청하다 자청비'라 곱게 새겨넣어 그녀의 마음을 전한다. 그제서야 문도령은 자청비를 만나러 온다.

자청비는 문도령이 반가웠지만 기다리게 한 것이 미워 심술을 부린다. 자청비는 문도령에게 창문에 구멍을 내고 자신을 보라고 요구한다. 이것은 문도령이 자청비에게 행했던 행동들이 문도령 그 자신은 잘 모르고 아무 생각 없이 행한 것이었다고 할지라도 사실은 폭력적인 것임을 알려주는 것이라 할 수 있다. 그리고 그녀는 엿보는 그를 손가락으로 찔러버린다.

아무렇지도 않게 행해져 자연스러워진 남성적 폭력들 앞에서 그 폭력들을 폭로하고 이에 대하여 일침을 가한다는 것은 너무나 당연한데도, 쓸데없는 싸움을 만들기 때문에 보통은 그냥 지나가 버리는 경우가 많다. 자청비에게 역시 그런 일침은 그녀를 불행하게 만들었다. 주모 할머니는 그런 자청비를 심술궂다 하며 내쫓아 버렸다. 사랑하는 문도령은 화가 나서 돌아가 버렸고, 그녀는 그를 다시 찾기 위해 더 많은 고생을 해야 했다. 그럼에도 불구하고 인간이 지향해야 할 어떤 가치로운 모습, 아무렇지도 않게 이루어지는 남성적 폭력을 인식시키고 그에 일침을 놓아야 함을 자청비 원형은 보여준다. 심술 궂게 보일지라도 재인식의 기회를 나누는 것은 중요하다.

자청비에게 사랑은 무조건 일방적으로 기다리거나 참는 것이 아니다. 그녀에게는 요구할 권리를 행사하는 사랑이 보다 인간적이며 정당한 것이다. 종종 남성들의 일방적인 행동때문에 화가 났다는 것을 알리는 것은 사소하고 시시한 것으로, 참아버리면 모두 좋게 끝날 수 있는 것으로 생각하는 경우가 많다.

자청비는 화가 났다는 것을 알린다. 결국 문도령의 눈을 찔러버린 자신의 행동 때문에 문도령을 다시 만나기 위해서 자청비는 오랜 시간 고생고생 돌아서 가야 하는 결과를 감당해야 했지만, 바로 그렇게 소외된 자들의 권리는 획득되어져 왔던 것이다. 사랑의 욕망을 이해하는 일과 그 욕망의 황폐함을 지적하는 것은 다른 차원의 일이다.

자청비 여성

자청비 여성은 합리성과 사랑이라는 모순되는 두 개념을 조화롭게 풀어내는 것을 추구한다.

사랑은 마치 미토스같다. 선뜻 논리적인 설명을 하기 어려운 영역이다. 여러 가지 현상과 사물들에 대한 조심스럽고 지극한 관심이 신화를 만들어 냈듯 사랑 역시 의미심장한 타자와의 이야기이다. 그것은 미토스처럼 꿈이며 믿음이 될 수도 있고 배타적인 편견이 될 수도 있다. 다양한 해석과 가치로운 방향으로의 수용 과정에 미토스의 의미가 스며나올 수 있듯 사랑 역시 그럴 것이다.

자청비, 그녀는 신화를 만들어 냈던 태초의 사람들처럼 사랑의 성취과정에 감동적인 정서와 본능들을 담아내면서, 다양한 해석과 수용의 국면에는 타자에 대한 진지한 접근 자세를 잊지 않는다. 자청비 여성이 가지는 이런 미토스적인 열정과 로고스적인 지혜의 조화는 그녀를 보다 충만하게 할 것이다.

이 자청비 여성은 관계 때문에 상처받지 않으면서 그 관계에 몰두할 수 있는 유형이다. 그녀는 사랑을 하면서도 남성에게 매몰되지 않는다. 그녀는 그를 억압하지도 그녀의 정신을 잃지도 않으면서 사랑을 이루고 유지시켜 나간다. 자기기획적인 그녀들은 남성과의 위기나 갈등의 와중에도 감정에 빠져 자기를 잃어버리지 않을 수 있도록 지혜로운 노력을 한다. 그녀가 원하는 길로 그녀를 이끌 수 있는 사람은 오직 자신뿐임을 알기 때문이다. 이런 그녀의 방도는 자기뿐만 아니라 결국은 상대방과 주변에까지 기분 좋은 파장을 만들어 낼 수 있다는 것을 보여줌으로써 현명하다는 평가를 받게 된다.

자청비 여성은 인간으로서, 여성으로서의 본능과 사회의 규정들 모두를 중시한다. 이런 그녀는 여성으로서의 외형적 아름다움으로 남성의 마음을 끌 수 있다는 사실을 이해하고 그런 노력 역시도 아끼지 않는다. 늘 부지런히 단장하고 예쁘게 보일 수 있도록 노력한다. 타인에 대해서도 그렇지만 자기 자신에도 무한한 관심을 가진다. 사랑하고 사랑받는 것을 좋아하는 그녀는 남성의 세계에 끊임없이 호기심을 가지고 남성적인 매력까지도 획득하려 한다.

그녀는 또한 여성이 가지는 매력과 장점을 알고 또 적극적으로 그것을 이용할 줄 안다. 자청비 여성들은 남성들이 활쏘기나 팔씨름, 오줌 갈기기 등 다만 남성이기 때문에 구축 가능했던 것을 자신에 대한 긍지를 가지는 배경으로 삼은 것처럼 여성적인 것, 즉 섬세함이나 타인에 대한 따뜻한 배려, 양보심, 외형적인 아름다움들의 이점을 자랑스러워한다. 그녀는 외모의 아름다움도, 양보심과 배려도, 재능이나 추진력, 사회적 성공과 같이 성취해야할 것들 중의 하나라고 생각하는 여성이다.

자청비 여성은 자신의 이해를 최우선으로 하며 자신에게 중요한 일에 초점을 맞추고 자기주도적, 기획적으로 살아가는 여성이다. 사랑을 얻기 위하여 거리를 두거나 자신 속으로 움츠러드는 대신, 문도령의 세계 안으로 성큼 들어간 자청비 여신처럼 자청비 여성들은, 때에 따라서는 남성들과 직접적으로 부딪힌다. 이럴 경우 많은 여성들은 남성의 영향 속으로 매몰되어 버리기 쉽다. 그러나 그녀의 적응방식은 자신의 '여성'을 잃지 않음과 동시에 '남성'을 분리시키지 않으면서 그들의 세계 속으로 들어가고, 그들의 영향으로부터는 독립되어 있는 태도를 취한다. 그런 속에서 그녀는 자신이 원하는 것을 얻어내기 위하여 끊임없이 자기기획을 한다. 자신의 목적을, 그녀는 성적인 매력으로 유혹하기도 하고 남장을 하기도 하면서 얻어낸다.

이런 자청비 여성은 만약 자신의 목적추구에 가부장적 질서가 방해될 때에는 이에 적극적으로 분노하고 도전하는 여성들일 수 있다. 일이 그녀에게 중요하다면 남성적인 영역에서도 멋있게 성공을 이루어냄으로써 여성 존재의 지위를 향상시키는 여성들이 될 수 있다. 여성적인 성향이 풍부하고 여성적 영역의 장점들을 많이 소유하고 있으면서도 남성적인 영역에 속하는 성취들까지 자신의 것으로 만들어내는 많은 여성들은 이 자청비 원형의 요소가 많은 여성들이다. 그녀는 용기와 적극성 그리고 성공을 남성의 것만으로 여기는 가부장제 문화 내에서, 그런 것들을 여성들도 가질 수 있다고 자연스럽게 보여준다. 그럼으로써 여성들의 부진의 이유가 여성 자신에게보다는 사회적인 미성숙, 부조리와 차별에 있다는 사실을 알려 준다. 문화가 남성들의 영역으로 한정시켜버린 여러 영역에서 남성들을 압도함으로써 그 문화가 조장한 아이덴티티에 도전하는 많은 여성들은 이 자청비 원형을 가진 여성들이다.

한반도 지역에서는 길가에서 남녀가 눈을 마주치는 것을 막기 위해 여자들은 쓰개치마로 얼굴을 가리고 남자들도 부채를 가지고 다녔었다. 그러나 제주는 이와 관련된 어떤 모습도 찾아보기 힘든 지역이다. 속옷만 입고 바다에 곤두박질하여 미역을 따는 여성들이 남정네들과 뒤엉켜 일을 하는 모습을 한반도 지역에서 예상하는 일은 쉽지 않다.

'내외한다'라는 것은 부녀자가 외간 남자와 얼굴을 마주 대하지 않고 피하는, 다분히 남성중심적 사회의 단어이다. 이런 사고 아래에서 장옷이나 쓰개치마가 없을 경우에는 더운 여름에 햇빛을 가리고 비를 막기 위해 사용했던 삿갓까지 여인들의 얼굴을 가리기 위한 복면구로 이용되었던 것이다.

그러나 자연적 여건이 궁핍하여 16세만 되면 바닷가에서 옷을 훌렁 벗고 물질을 하면서 적극적으로 생산에 참여했던 제주에서는 너울이나 삿갓으로 얼굴을 가리거나 장옷으로 몸을 가리는 풍습을 찾아볼 수 없다. 물리적인 조건에 의해 시작되었기는 하지만, 여성의 신체이기 때문에 감춰야 한다는 생각에서 자유로울 수 있었던 것이다. 제주에 부임해 오는 목사들은 내외없이 지내는 이런 제주의 풍습을 개화가 덜 된 탓으로 돌리기도 하였으나 지리적 조건으로 인하여 유교적 개화가 확산되지 못함으로써 오히려 제주는 오히려 인간적인 개화를 할 수 있었다.

순수하고 자유스러운 행동들은 사실 제주의 오랜 전통이었다. 한반도 지역의 여성들은 내외라는 사회로부터의 격리와 함께 바느질이나 길쌈하기 혹은 음식을 만들어 부모를 공양하는 일, 조신하게 남편감을 기다리는 일만으로 그녀의 청춘을 끝낸다. 자신의 재능이나 기술을 습득하거나 외부활동에 대한 기회는 부여되지 않았다.

사소함으로 치부될 수 있는 여성의 일상적인 모습들―실을 잣고 옷을 짓는 일, 식사를 준비하고 빨래를 개키는 일 등― 지극히 여성적인 현실적인 모습들이, 다만 하루를 주기로 소모되는 지겨운 일상이 아니라는 생각을 가지는 이지적인 여성들도 자청비 원형의 창조적 성향을 가지는 여성들이다. 그녀는 빨래를 하러 가면서 자신의 손이 예뻐지리라는 상상을 하고, 한 올 한 올 옷을 지으며 거기에 자신의 마음도 담는다. 빨래하고 옷을 짓는 것은 사소한 일상이지만 자청비는 그 일상을 육체와 영혼을 마모시키는 피곤함으로가 아니라, 오히려 그녀를 아름답게 하고 그녀의 영혼을 전달하는 매개자로 승화시킨다. 이런 그녀는 낭만과 실용이라는, 같이 하기 어려운 두 영역을 조화시킬 줄 알았던 자청비 여신과 닮았다.

자청비는 그녀 자신이 하루하루를 살아가면서 인식하게 되는 모든 것들을 그녀 안에 재구성한다. 그녀의 목적은 사랑이었지만 그 과정은 늘 새롭다. 그녀의 사랑은 한순간의 이끌림에서 시작됐고 뒤이어 여성의 차별과 소외를 알게 했다. 섹스에 급급한 사랑도 알고, 사랑에도 어김없이 존재하는 폭력과 이기성도 알고, 사랑이 가지는 배타성에도 눈을 뜬다. 그러면서 자청비의 사랑은 차별과 소외의 벽을 뛰어넘는 것이 된다.

늘 결과와 목표를 향해 매진하며 본능을 중시하면서 그 안에 의지와 경험, 지식이 주는 지혜를 집어 넣는 합리적인 그녀는 자유로움의 상징이다.

이 자청비 원형을 지배적으로 지니는 여성은 열정적으로 나아가면서도 자유롭다.

지나친 몰두와 고집스러운 순수함으로 복잡한 세상사가 해결되는 것은 아니다. 남녀간에 갈등이나 애정의 관계가 지나치게 과다한 것은 대개 억압된 감정과 욕구 혹은 과도한 정열의 결과이다. 그것은 결국 자신이 원하던 진실되고 자유로운 사랑과는 어긋나는 것이기 때문에 자청비 여성들은 이 모든 것들을 관리할 줄 안다. 서천꽃밭의 막내딸에게 문도령을 보낼 수 있었던 것처럼 그녀는 열정적이면서도 자유로울 수 있는 사랑을 한다.

자청비 여성은 경제적으로 가난할 경우에도 각박하고 모진 성격을 가지기보다는 좋은 사람일 경우가 많다. 단순한 일상에 지겨워하기보다는 그 속에 자신의 영혼을 담아내는 자청비 여신처럼 가난하고 힘들어도 알콩달콩 재미있게 사는 여성일 경우가 많다.

　신화에서 보면 자신들이 먹을 도시락을 남에게 정성껏 대접하는 두 노인네에게 풍년을 내린 자청비 여신처럼 자청비 여성은 가난함 속에서도 남에게 인정을 베풀고 남의 어려움을 도와주며 또 그렇게 살면 결국에는 복을 받을 것이라 믿는 사람이기도 하다. 아홉 마리의 소를 끌고 밭을 가는 장남들의 인색한 모습과, 비록 쟁기도 없이 밭을 갈지만 마음만은 풍요로운 두 노인네의 대비장면에서 보이듯이, 자청비 여성들은 경제적으로는 풍부하지 않더라도 부부금슬 좋고 삶에 대한 애착과 넉넉함을 가진 여성일 경우가 많을 것이다. 여성으로서, 인간으로서 한계를 알고, 한계를 가진 사회 내에서, 한계를 가지는 여성으로서 누릴 수 있는 풍요로움을 잘 구성하고 더 큰 가치로움들을 창조해 나갔던 자청비를 닮을 것이기 때문이다.

　신화의 마지막 부분에 '땅 한 쪽, 물 한 적'을 관장하는 남성적인 수직지배의 원리를 포기하는 대신 '오곡의 씨앗'이라는 여성적 수평생산의 원리를 선택하는 자청비의 모습은 가부장제 사회 안에서 이지적인 자청비 여성들이 가지는 자긍심을 보여주는 것으로 이해된다.

　땅 한 쪽 물 한 적을 포기하고 오곡의 씨앗을 택하는 것이 여성비하의 결정된 가치로의 순응, 비효율적인 소통을 선택하는 것은 아니다. 땅 한 쪽 물 한 적 대신 오곡의 씨앗을 달라고 했던 자청비 여신이 그랬듯 자청비 여성들은 명성이나 권력에 도전하는 사람들이라기보다는 가까이에서 서로에게 도움을 주고 살아가는 이웃의 마음을 가진다. 자청비 여성들은 단순하게 보이는 여성적인 일들에서도 자신을 성취해내려는 이지적인 여성들이며, 사회의 강요였건 개인의 선택이었건 최후의 목적지점까지도 이런 여성으로서의 특질과 정체성을 거부하거나 포기하기보다 적극적으로 이용하고 확립시켜 가는 것이다.

땅 한 쪽 물 한 적 대신 택한 오곡의 씨앗이란, 여성인 그녀 자신이 가장 잘 알고 또 원하는 모습이며 남성을 포함하여 모두에게 미치는, 그 누구도 배제시키지 않는 상징물이다. 그녀는 인간 삶의 지평에서 끊임없는 재생산과 풍요의 장을 위한 하나의 밀알을 택하는 것이다.

여성으로서의 개인의 감성과 애정에 어울리는 이 선택은 훨씬 지속적이고 강한 유대로 이끌 수 있는 하나의 원리가 될 수 있다. 땅 한 쪽 물 한 적에 대한, 하나로 집중되는 표준화된 지배와 관리보다는 오곡의 씨앗이 가지는 다의적인 결과들 때문에 에너지는 오히려 극대화될 수 있는 것이다.

인간사회의 문제들은 냉철한 합리성이나 빈틈없는 논리, 엄격한 과단성만으로 해결되지 않는다. 사실 기계적인 그런 논리들은 그 반대편에 있는 감성이나 우연과 같은 부분을 소외시킴으로써 논리에만 짜맞춰진 파행의 비용을 톡톡히 치뤄내고 있다. 표준화된 방법들의 맹목적인 적용보다는 상황에 맞는 다분화된 선택들을 존중해야 한다. 자유롭고 합리적으로 공동에 이르는 길이기 때문이다.

자청비 원형의 여성다운 요소들을 특히 많이 가지고 있는 매력적인 여성들의 경우, 이 여성은 억울하게 비판의 대상이 되거나 많은 여성들에게 위험스러운 여성으로 인식되기 쉽다. 아직까지도 여성적인 성적 매력을 개발하고 발휘하는 것을 자연스럽게 수용하지 못하는 우리의 분위기에서 종종 자청비 여성은 그녀가 가진 여성적인 매력들로 인하여 많은 남성들에게는 물론 여성들에게도 원치 않는 시달림을 받을 수 있다.

여성숭배와 여성에 대한 혐오가 동시에 공공연하게 진행되는 실체는 근본적으로 여성차별에 있다. 그 흉흉한 16세기 마녀사냥의 시절에 알렉산드리아의 클레멘스는 "화장이란 신의 창조 위업을 모욕하는 행위이다. 여인들의 화장은 그들의 아름다움을 증대시키는 게 아니라 내부의 병, 음란함을 겉으로 드러내는 기호다."라고 말했다. 이같은 교부들의 미용신학은 여성이 악마와 결탁하여 인류를 죄악으로 이끄는 원흉일 뿐 아니라 '비본질적인' 존재라는 점을 명확히 선언한 셈이다.

이런 의도적인 반여성주의는 오늘날에 이르면서도 성모 마리아를 칭송하거나, '죽음과도 같은 유혹', '거부할 수 없는 성적 매력', '뇌쇄적인 여성' 등의 말들로 극단적인 뉘앙스를 풍기면서 우리 문화의 밑바닥에서 배회하고 있다.

이런 문화 속에서 과잉 자청비 여성들은 비본질적인 존재로 전락해 버리고, 같은 여성들에게조차 죄악으로 이끄는 원흉으로 여겨지기도 한다. 과잉 자청비 여성과 남성간의 애정은 진실되다 하더라도, 아예 남성의 희롱으로 규정되거나 또는 남성의 모든 것을 파괴하는 여성의 악마성으로 의심받기 쉽다. 사장과 여비서의 애정은 대부분 희롱이 되거나 권력이나 돈에 접근하기 위한 방편으로 생각된다.

태어나올 때부터 가지고 나온 예쁜 코는 누구나 원하는 것이고 사랑스러운 것이지 그것 자체가 멸시의 대상일 수는 없다. 더구나 자청비의 코는 그녀의 노력에 의해 얻어진 근거 있는 매력적인 코이다. 인간은 누구나 아름다움에 경탄하며 아름다워지기 위하여 지난한 노력을 하지 않는가. 사실 우리 모두에게는 자청비의 코든, 클레오파트라의 코든 영향력있는 코가 한 두 개쯤은 필요한 것이 아닐까. 흔히들 말하는 남성스럽다는 것이 그들의 중요한 파워가 되듯 여성스럽다는 것은 여성이 사용할 수 있는 중요한 삶의 파워이기도 하다. 그런데도 그녀의 코는 주로 클레오파트라의 코가 되어 허욕과 파괴, 악의 상징이 되어버리고, 그녀의 의지와는 상관없이 책임을 전가받곤 한다.

물론 통제되지 못하는 과잉 자청비 여성의 경우 관능적인 매력만으로 남성들을 유혹하여 남들이 중요하게 생각하는 많은 것들을 파괴해 버리기도 한다. 통제되지 못한 자청비 여성들은 성적 매력이나 사랑만을 유일한 것으로 매진하는 성격을 지니기 때문에 그녀의 나머지 인격들은 모두 파묻혀 과소평가를 받게 된다. 때문에 이런 과잉 자청비 여성에게 필요한 것은 여성적인 매력을 인간적인 매력으로 가져가는 원칙과 책임있는 자기통제이다.

그러나 여성적 매력을 냉소적이고 수단적인 용도로 사용한다 하더라도 현실의 여러 맥락으로 비추어 볼 때 비난받아 마땅한 것으로만 몰아세울 수는 없다. 그런 선택은 순전히 그녀 자신의 몫이다. 다만 여신 자청비처럼 '자신으로 가는 길'의 목적과 '타자와 함께'라는 방향을 잃지 않을 수 있기를 기대하는 것이다.

가믄장아기

가믄장아기

전도된 가치들에 대한 저항

가믄장아기신화

윗마을 남자 거지와 아랫마을의 여자 거지가 결혼하여 첫딸을 낳았다. 사람들은 가난한 거지 부부를 동정하여 정성으로 은그릇에 죽을 쑤어 먹였다. 이 아이를 〈은장아기〉라 불렀다. 거지부부는 또 딸아기를 낳았다. 이번에도 동네 사람들이 도와주었다. 처음만은 못했으나 놋그릇에 밥을 해다 키워 주었다. 이 아이를 〈놋장아기〉라 불렀다. 거지부부는 또 딸아기를 낳았다. 동네 사람들이 도와주기는 했으나 이제 성의는 식어 있었다. 이번엔 나무 바가지에 밥을 해다 먹여 키워 주었다. 이 아이를 〈가믄장아기〉라 불렀다.

가믄장아기가 태어나니 이상하게도 집에 운이 틔어, 없던 전답이 생기고 마소가 생기고 기와집에 풍경을 달고 부자로 살게 되었다. 부부는 거지 생활을 하며 고생하던 옛날을 까맣게 잊고 오만하게 되어 갔다. 하루는 딸들을 불러 호강이나 피우고 싶어졌다. 맏딸부터 불러 물었다.

"너는 누구 덕에 먹고 입고 행동하느냐?"

"하느님 덕이외다. 지하님 덕이외다. 아버님 어머님 덕이외다."

첫째 딸의 대답을 듣고 흡족해 하며, 이번에는 둘째 딸을 불렀다.

"너는 누구 덕에 먹고 입고 행동하느냐?"

"하느님 덕이외다. 지하님 덕이외다. 아버님 어머님 덕이외다."

역시 만족하며 셋째 딸을 불렀다.

"너는 누구 덕에 먹고 입고 행동하느냐?"

"하느님 덕이요 지하님 덕이요 아버님 어머님 덕이외다마는, 내 배꼽 아래 선그뭇(陰部) 덕으로 먹고 입고 행동합니다."

가믄장아기의 당돌한 대답에 부모는 화가 벌컥 났다.

"이런 불효 막심한 년, 어서 당장 나가라."

벼락같은 호통을 치며 집을 나가라고 하였다. 가믄장아기가 부모에게 하직 인사를 하고 문밖으로 사라지자 부모는 마음이 섭섭하여 다시 불러들이려 하였으나 두 언니가 시기심에 방해를 하였다. 가믄장아기는 큰언니를 청지네로, 둘째 언니를 버섯으로 만들어 버리고 정처없이 길을 걸었다.

해는 서산에 기울고 거처를 찾아야 밤을 샐 터인데 집 한 채 보이지 않았다. 한참 가다 보니 다 쓰러져 가는 초가집에 할머니 할아버지가 살고 있었다. 하룻밤만 재워 달라 부탁하니, 아들이 삼형제나 있어 누워 잘 방이 없다 한다. 부엌이라도 좋으니 하룻밤만 재워 달라 사정하여 겨우 허락을 받았다. 이 집은 삼형제가 마를 파다 먹고사는 마퉁이네 집이었다.

세 마퉁이가 마를 파고 집으로 돌아왔다. 세 형제는 파 가지고 온 마를 삶아서 저녁을 준비했다. 큰 마퉁이가 마를 삶았다.

"어머니 아버지는 먼저 태어나서 그동안 많이 먹었으니, 마 모가지나 먹으십시오."

큰 마퉁이는 부모님들께는 머리 부분을 드리고 자기는 살 많은 잔등을 먹고 손님에게는 꼬리 부분을 준다. 둘째 마퉁이도 마를 삶아 어머니 아버지에게는 머리를, 자기는 살 많은 잔등을 먹고 손님에게는 꼬리 부분을 준다.

"어머니 아버지 우릴 낳아 기르려고 얼마나 공을 들였고, 또 살면 얼마나 살겠습니까."

이렇게 말하며 셋째 마퉁이는 대견하게도 살이 많은 잔등을 부모님께 드리는 것이었다. 가믄장아기는 마 삶던 솥을 깨끗이 씻은 후 나락 쌀을 씻어 밥을 지었다.

한 상 차리고 우선 할머니 할아버지에게 들어갔다. 그들은 조상 대에도 아니 먹어본 음식이라며 먹지 않았다. 큰 마퉁이도 아니 먹던 것이라 사양한다. 둘째 마퉁이도 마찬가지였다. 마지막으로 작은 마퉁이에게 밥상을 들여가니 활짝 웃으며 맛있게 밥을 먹는다.

저녁이 끝나고 모두 잠자리에 들게 되었다. 가믄장아기는 할머니 할아버지에게 부탁하여 같이 발 막아 누울 아들이나 하나 보내주십사 부탁했다. 큰 마퉁이, 둘째 마퉁이는 가라고 해도 아니 갔다. 작은 마퉁이는 가라 하니 기뻐하며 들어가 백년 가약을 맺었다.

가믄장아기가 작은 마퉁이를 목욕시키고, 새 옷을 입히고 갓과 망건을 씌어 놓으니 큰형도 둘째형도 절을 꾸벅한다. 가믄장아기는 마 파던 데를 구경가자 하고 남편의 손목을 잡고 마 파던 들판으로 나갔다.

자갈을 일구고 보니 모두가 금이었다. 일시에 마소 전답이 생기고 높은 기와집을 지어 천하 거부로 잘 살게 되었다. 그러자 가믄장아기는 부모 생각이 간절하였다. 남편과 의논하여 거지잔치를 백일 동안 열기로 하였다. 100일이 되어 잔치를 마무리하는 날이었다. 날이 거의 저물 무렵 눈에 익은 거지가 보였다. 가믄장아기는 계집종을 시켜 이 장님인 거지 부부를 사랑방으로 모시게 하고 통영칠반에 상다리가 부러지게 차리고 귀한 약주로 대접하였다.

가믄장아기가 말을 걸었다. 두 부부 거지는 살아온 이야기를 노래하였다. 거지로 얻어먹으러 다니다 부부가 된 젊은 시절, 은장아기, 놋장아기, 가믄장아기를 낳고 일약 거부가 되어 호강하던 시절, 가믄장아기를 내쫓고 나서 봉사가 되고 다시 거지가 된 이야기들이다. 눈물을 흘리며 듣던 가믄장아기는 자신이 가믄장임을 밝혔고 부모님은 눈을 번쩍 뜨게 되었다.

가믄장아기 원형

'나무 바가지 아기' – '가난'과 '여성'이라는 이중의 결핍된 존재

〈삼공본풀이〉의 주인공은 전상신인 가믄장아기이다. 전상이란 전생인연, 운명을 말한다. 가믄장아기는 종래의 가부장적, 천부적 사회인식을 거부하는 적극적인 여신이다. 운명의 여신이 가부장적이고, 천부적으로 자신에게 주어진 운명을 거부하고 있음은 시사적이다.

여성이라는 것은 천부적인 운명이지만, 여성비하의 가부장적인 관습이 운명적인 것은 아닐 것이다. 그녀는 지금껏 물려져 내려온 모진 전상 즉, 여성과 가난에 대한 차별이라는 나쁜 전상을 극복해내는 여신이다.

우선 가믄장아기 원형은 경제적인 능력을 비롯한 자신의 능력을 성취해내는 것을 가장 중요하게 생각하여 이에 매진하고, 이를 기반으로 자립적인 태도를 가지고 생활하는 많은 여성들의 원형이다.

그녀는 '나무바가지 아기'라는 이름이 의미하는 '가난'과 '여성'이라는 이중의 결핍된 존재로 태어난다. 셋째 딸인 이 나무바가지 아기는 첫째 언니인 은장 아기와 둘째 언니인 놋장 아기에 이어지면서 가난은 계속 가난을 낳고, 또 더욱 가난해지는 극복하기 어려운 운명이라는 것을 중층적으로 암시하고 있다. 그녀는 이 천부적이고 생래적인, 동시에 사회적인 그녀의 지위에서 벗어나기 위하여 경제력과 독립의 성취에 매진한다. 이 점은 가믄장아기 원형이 가장 중요하게 생각하는 점이다.

가믄장아기는 가난한 집의 여식이고 가장 나이 어린 막내다. 그녀는 동네 사람들이 나무바가지에 밥을 해다 키워준 '나무바가지 아기'이며, 이 이름이 동네 사람들의 행위와 관련하여 부여된 것임을 생각할 때 가정에서뿐만 아니라 사회에서도 가장 폄하되고 낮게 취급된 열등한 여신이다. 그러나 결국 가믄장아기는 자신에게 운명처럼 주어진 나무바가지 아기의 가난과 여성이라는 굴레를 적극적으로 벗어 던지기 위해 매진하며 이것이 그녀의 가장 중요한 특성이 된다.

"배꼽 아래 선그믓(陰部) 덕으로 먹고 입고 행동합니다."

그녀는 누구 덕으로 먹고 사느냐 묻는 부모에게 하늘과 땅 덕이요, 아버님 어머님 덕이기도 하지만 자신의 배꼽 아래 선그믓(陰部) 덕으로 먹고 입고 행동한다고, 자신이 부모님의 자식이기도 하지만 독립적 개체로서의 여성이기도 하다는 점을 당돌하게 천명하고, 내쫓김을 자초한다. 그녀는 '자녀는 부모에게, 여성은 남성에게 예속되어 있다'는 사회의 문화를 부정한다. 그렇게 그녀는 집을 떠나고 친밀한 관계들에게서도 소외되는 고난의 길을 택한다. 그런 그녀는 가난한 여늬집 세 아들의 성품을 자세히 관찰하고 배우자를 직접 선택한다. 마를 파먹고 지내는 자기의 남편, 막내 마퉁이를 다그쳐, 같이 자갈을 일구고 부자가 됨으로써 '여성과 가난'이라는 결핍 상황에서부터 탈피하며 가부장적이고 선천적인 자신의 운명을 적극적으로 개척한다.

부모님, 기존의 가부장적 질서에 순응적이었던 언니들에게 주어진 보상은 '느(네) 방으로 가라'는 것이었지만 가믄장아기에게 내려진 형벌은 네 방으로 갈 수 없는, '밖으로 나가는' 것이었다.

밖은 물론 그녀에게 위협적이고 고생스러웠지만 경제적인 능력의 성취, 그리고 독립의 기회를 가져다 준다. 가족 사회에서 격리되는 것은 개체의 성숙과 독립을 위한 필요조건이다. 정체감은 내가 '타자'들과 다르다는 데서, 즉 이타성에서 의미를 가지기 시작한다. 이런 의미에서 가믄장아기 원형은 가족이라 할지라도 자신의 정체성을 거부당한다면, 그 '친밀한 타자'들과 함께 누릴 수 있는 안정적인 생활을 접고 스스로 불안의 길을 떠날 수 있는 독립적인 여성원형이다.

두문불출의 원칙을 깨고 밖으로 나간 그녀
– '이 정도쯤이야'하는 품위형태

가믄장아기 원형은 용감하고 도전적인 여성 원형이다. 그녀는 원래 이 사회에서는 '두문불출'해야 하는 존재다. '밖'은 여성들에게 부정적이고 위험한 공간으로 존재하는 곳이다. 밖으로 나가는 것은 불순한 일이 된다. 따라서 대부분은 불만스럽더라도 이 '두문불출'의 원칙을 파기하지 않는다. 집안에 있는 것은 여성으로서 마땅히 갖추어야 할 정숙과 부덕을 의미한다. 밖으로 나가는 것은 불순한 일이기 때문에 학교나 가정에서는 여자아이를 보호하려고 집 안에 가두어 왔다.

이는 남성만이 중심이 되는 사회에서 그 현상과의 접촉을 불허하기 위한 감금이기도 하다. 성별간의 차별화된 지배 구조는 세상의 모든 사물들과 모든 실제활동을 그 지배의 원칙에 맞추어 놓는다. 노동에 대한 성적인 구분, 역할에 대한 구분, 각 성에 주어진 행동의 모습들이 그 원칙에 따라 구획된다. 남성에게만 허용된 '바깥', 여성들에게 허용된 '안'이라는 구분도 그 원칙에 의한 것이다. 집안은 가장 손쉽고 합법적인 남성지배의 장소가 된다.

이런 점은 남녀의 신체나 성행위의 인식을 구조화하는 표상들에도 곧바로 적용된다. 여성들의 몸은 감추고 닫아야 하는 것으로 간주된다. 성행위는 종종 맷돌이나 집과 빗자루로 표현되는데, 위의 맷돌과 빗자루는 움직임과 에너지의 상징, 남성이다. 여성, 아래 맷돌은 움직이지 않으며 집은 빗자루가 왔다 갔다 하는 공간이다. 〈해리포터와 마법사의 돌〉이라는 영화에서도 그 신나는 빗자루를 타는 기회는 온통 남자아이들의 몫이다. 영국의 전통 속에서도 마찬가지인 듯하다. 여성이 빗자루를 타면 '마녀가 탄 빗자루'가 된다.

신체에 따르는 정신의 대응 구조도 남성원칙에 따라 정해지기는 마찬가지이다. 여성들은 그들의 신체에 따르는, 구별화된 자세나 몸가짐을 요구받는다. 복잡하거나 어려운 일에는 약하게 움추리는 모습을 보이는 것이 여성답다고 훈련된다.

가믄장아기는 이 모든 남성지배의 원칙들을 부정한다. 집안에서 '밖'으로의 공공연한 내몰림은 무언의 경고를 하고, 그 경고는 자신의 고유성을 더 빨리 잃어버릴 수 있게 하는 위협이었는데도 가믄장아기는 밖을 선택했다.

가믄장아기는 키·몸무게·덩치라는 육체적 구조에 따르는 자세나 몸가짐 같은 심리적이고 정신적인 구분들도 좇지 않는다. 그녀는 힘없는 여성이라는 신체를 가졌기 때문에 무거운 것을 들지 말아야 한다는 생각을 가지 않는다. 그래서 '난 잘 못하겠다' – 모른척 함, 못하는 체함, 약해 보임, 움츠러듦, 소극, 숨김, 양보, 포기, 조신함과 연결되는 품위형태보다는 '이 정도쯤이야 하는 – 해 보려 함, 덤빔, 드셈, 극복, 도전, 적극, 용감 등과 연결되는 품위형태를 선택한다. 그녀는 남성원칙들이 만들어 놓은 '시선을 내리깔고 안으로 숨어들면서 난 잘 모르겠다'는 자세로 행동하지 않는다. 오히려 밖이라는 공중으로 나와 '지까짓 게, 이 정도쯤이야 나도 충분히 할 수 있어'라면서 정면으로 돌파하고 부딪치는 자세를 취한다.

가믄장아기 여성 원형은 의사를 밝히는 데 있어서도 다른 사람들의 시선에는 신경쓰지 않고 훨씬 단순하고 직접적인 판단과 표현을 한다. 그녀는 남성원칙들이 만들어낸 애매모호하고 단순하고 종잡을 수 없는 여성적 파롤보다는 단호하고 결정적인 남성적 파롤을 즐긴다. 다른 사람이 그녀에 대해 어떤 생각을 가질까 하는 두려움이 없고 스스로에 대해서 가장 정직한 표현이라는 점에서 가믄장아기의 언어는 자기 위장과 과시의 남성적 언어와는 기본적으로 다르다.

머리띠를 두른 페미니즘

가믄장아기 원형은 여성해방의, 인간해방의 선구자이다. 자청비와는 조금 달리, 그녀는 머리띠를 두른 모습이다.

자청비의 동기 유발이 문도령에게서 나왔다면 가믄장아기의 동기는 아버지로 대표되는 기존 사회에서 나왔다. 어쩌면 이것은 아주 자연스러운 질서로 세상에 만연되어 있는 것이어서, 가장 어렵게 이루어지는 동기 유발일 수 있다.

이 가믄장아기 원형은 자청비 원형에 비해 대 사회적인 성향을 가지는 페미니스트들의 원형이다. 자청비가 사랑의 획득을 목적으로 남성중심의 세계에 들어가 여성으로서의 개인적인 정체성과 인간으로서의 진정한 자유를 얻어 가는 원형이었다면, 가믄장아기는 아버지로 대표되는 가부장적 질서에 만연된 효와, 성에 대한 타성을 거부하는 여성 원형인 것이다.

자청비의 고통은 자신의 사랑을 성취해 나가는 대남성과의 관계에서 비롯되는 것이었다. 물론 남성이라는 한 인간 안에 사회의 모든 모순이 포함되어 있고, 사랑하는 사람이 가지는 그 모순 때문에 더 절망스러운 부분도 느껴야 하겠지만, 그래도 그 고통을 감수하게끔 하는 사랑이란 것이 있었다.

가믄장아기는 아버지가 누구의 덕으로 먹고 사느냐는 질문에 선뜻 대답하기 어려운, 배꼽 아래의 선그뭇(음부) 덕으로 먹고 산다고 한다. 이 여성은 어렸을 때는 아버지에게 그리고 이어서는 남편에게 또 늙어서는 아들에게 기대어 살아간다는, 즉 삼종지도라는 규정화된 여성 정체성을 거부한다.

삼종지도의 가치관을 거부하는 그녀의 페미니즘은 전 생애에 걸쳐 고난의 생활을 자초하는 것일 수 있다. 가믄장아기가 두른 머리띠는 체제유지를 위해 이데올로기적인 가치로 전도되어 기능하게 된 효와 성의 관념을 깨려는 데서 오는, 그 구조 안의 모든 것에 내재되어 있는 지배질서를 거부하는 것이었다. 신화에도 나오듯 가믄장아기가 겪는 어려움은 '이 재 넘고 저 재 넘고 신산만산 굴미굴산을 넘는' 어려움인 것이다.

그녀는 인간의 모든 창조적 행위와 윤리적 결단은 자신의 정체성을 정확히 찾으려는 과정 안에서 이루어진다는 확신을 가지고 있는 듯하다. 이런 그녀의 정체성에는 전도된 기존의 가치들을 완강히 거부하는 진보적인 모습이 있다. 그녀는 사회를 왜곡되게 유지시켜 왔던 관습적인 효나 성에 대한 관념을 거부한다. 이런 점에서 그녀는 타성에 젖어들면서 점점 사회적으로 악습이 되어 가는 규범들을 비판적인 시각으로 볼 줄 알고 그것을 부정하는 데 대한 고통을 감수할 각오가 되어 있으며 또 그것을 개선하려 나서는, 머리띠 두른 페미니즘이다.

자신을 불안하고 위험하게 만들면서 행하는 이 저항은 결국 그 사회와 그 사회의 가치들을 개안, 개선시키는 결과를 가져오게 한다. 가믄장아기 원형은 사회에서 주어진 여성으로서의 정체성을 부정하고 자신의 정체성을 구성해내며 정정당당하게 살아가는, 자신감 넘치고 용기 있는 여성들의 원형이다.

"발 막아 누울 아들이나 하나 보내 주시오."

가믄장아기 원형은 실용적이면서도 호기심 많고, 습관이나 타성에 젖어 있지 않은 진취적인 기질의 여성 원형이다. 그녀의 남편인 작은 마퉁이도 소극적이기는 하지만 이런 가믄장아기의 성향을 일부분 가지고 있다. 집에서 쫓겨난 가믄장아기는 남의 집에 들어가 숙식을 청하고 게다가 혼자 자는 것이 섭섭하니 발 막아 누울 아들이나 하나 보내 주십사 요구한다. 부모님은 두 형님들에게 들어가라고 했으나 두 형님들은 들어가지 않는다. 그러나 막내 마퉁이는 기뻐하며 들어가 연분을 맺는다. 형님들은 조상님도 안 먹어본 음식이라 하여 가믄장아기가 만든 쌀밥을 먹지 않으나 작은 마퉁이는 먹어 본다.

세상의 중요한 일들 중에는 운이 따라 주어야만 가능한 것들이 있고, 요행이 있어야만 정복할 수 있는 것들도 있다. 가믄장아기는 인연과 운명에 관한 좋은 전상을 가지는 여신이었다. 주어진 우연한 기회를 절호의 찬스로 삼을 수 있는 것은 편견이나 타성, 습관으로 살아가는 사람들에게는 힘든 일이 될 것이다. 가믄장아기가 인연과 운명에 좋은 전상을 가지는 여신

일 수 있었던 것은 편견이나 타성에 젖지 않는, 열린 마음을 가지고 있었기 때문이 아닐까.

남자 같은 여자

가믄장아기 원형은 아니무스적인 기질이 강한 남성적 여성 원형이다. 여성적인 자청비의 경우, 그녀의 모든 동기가 문도령이라는 사랑이었다면 가믄장아기의 가장 중요한 동기는 일과 신념이다. 이런 점에서 그녀는 다분히 남성적인 성향이 강한 여성이다.

그녀의 저돌적인 기질은 때때로 주변과 상대로 하여금 수동적인 상태에 머물게 할 만큼의 추진력을 가지고 있다. 자신이 원하는 것에 집중하며 주위 사람이 자신을 어떻게 생각하는지도 별로 고려하지 않는다.

그녀는 현재의 생활에도 미래의 계획에도 여성들처럼 감정적이기보다는 남성들처럼 현실적으로 주도면밀하다. 그녀는 많은 남성들이 그렇게 하듯 부모님 앞에서 폼을 잡고 허풍을 떨어보았다. 하지만 세상사에 내던져진 그녀는, 살아가기 위하여 많은 남성들이 그렇듯 아주 현실적인 판단들을 내린다. 남편감도 너무나 사랑해서, 한눈에 반해서 택한 것이 아니다. 추운데 발막아 누울 필요로 남편을 맞는 것이다. 자청비는 사랑에 목숨을 걸었지만 가믄장아기는 차별과 가난을 없애기 위해 일에 목숨을 건다.

짝을 만나도, 부자가 되어도, 부모님을 만나도 감정적 동요에 빠지기보다는 현실적인 판단을 내리곤 한다. 추위에 발막고 벗할 남편감을 눈여겨 골랐고, 남편을 재촉하며 가정의 경제에 적극적으로 참여하여 부를 성취해낸다. 사탕발림 같은 말로 효도를 하기보다는 맛난 것을 차리고, 부모님의 눈을 뜰 수 있게 하는 효를 보여준다.

그러나 마침내 효도잔치를 벌이고 자신이 생각하는 효를 실천하는 것에서 보면, 그저 남성들의 전유물과 그 가치의 주변에서 맴돌고 있는 것이 아니라 여성인 자신이 그것을 직접 소유하고, 영향력을 행사하고 있음을 알 수 있다.

자청비가 여성적인 특성을 안은 채 남성의 세계 안으로 들어가 남성성까지도 획득하고 있다면 가믄장아기 원형은 이미 남성적인 기질이 강한 여성 원형이다.

가믄장아기 여성

　세상에 대한 현실적인 감각, 실용적인 태도, 본질적인 가치에 대한 강한 희구, 그러나 부드러운 태도나 낭만적 태도의 결핍 등은 가믄장아기 여성들이 가진 특징이다.
　여신 가믄장아기는 자신이 선택한 영역에서 자신이 선택한 사람들과 함께 자신이 추구하는 일을 하며 살았다. 고통을 받은 다른 여신들과는 달리 가믄장아기는 힘들어하거나 괴로워하지 않는다. 자신의 일과 신념에 대한 확신을 가졌기 때문이다. 가믄장아기는 자신을 인정하지 않는 이들을 거부했고 그 사람들이 자신의 부모형제일지라도 부정했다.
　가믄장아기는 자신의 선그뭇을 주장하여 쫓겨났다. 남자 같은 가믄장아기 여신이었지만 여성임을 부정하는 것은 아니다. 오히려 여성임을 천명하다가 쫓겨난다. 여성이라는 그 천부적 운명 때문에 소외당하는 세상의 질서를 거부하는 것이다. 그녀는 생물학적인 천부적 여성성-특히 외형적 조건-을 중요하게 생각하지 않는다. 자청비처럼 손이 고와지는 것을 바라지 않으며 외모가 주는 매력에 대해서도 별 관심이 없다. 세상에는 좀더 힘들게 성취되어야 할 가치, 일들이 있다고 생각하여 그런 것은 하찮고 사소하다고 늘 옆으로 밀어두기 때문이다.
　그런 그녀는 형식과 외형에 몰두하는 것을 하찮은 것으로 생각한다. 이미 말했듯이 여성적인 아름다움을 가꾸는 것, 세심한 관심과 애정을 표현하는 것에도 별 관심이 없다. 사랑을 해서 결혼을 했겠지만 시간이 흘러 그 긴장감이 없어지더라도 허무해지는 느낌을 갖지 않는다. 사랑한다는 가슴

뛰는 느낌으로 산다기보다는 동반자와 같은 느낌으로 산다. 시들해져버린 긴장감을 회복시키기 위해서 야한 잠옷을 입어 보거나 낯선 자기 연출을 기획하지도 않는다.

자신의 가치로 삼고 동행하는 것들에 대해 그녀는 그 가치를 배반하는 것들이 아닌 한, 기분 좋고 충만한 느낌이 꼭 주어지지 않더라도 갈등에 빠지지 않는다. 이런 그녀는 가령 남편에게 충만한 느낌이 들지 않더라도 여전히 남편에게 충실하며, 여성해방의 길이 성과가 묘연하고 까마득해도 오늘도 묵묵하게 여성단체의 사무실에 출근하는 여성이다.

가믄장아기 여성은 대부분의 여성이 여성적인 것이라 인정하고 있는 여성 취향, 즉 사랑에 대한 희구나 외모에의 집착, 부드러움, 섬세함, 낭만성 등과 얼마간 떨어져 있다. 그녀는 능력, 특히 경제적 능력을 중시하며 이의 성취를 통하여 자신의 의지를 펴나가는 데 집중한다. 그녀에게 능력이 중요했던 것은 자신이 선택한 정체성을 가지고 살아가는 데 가장 기본적인 필요조건이 되기 때문이었다.

여신 가믄장아기는 부모님에 대하여 자식이었지만 개체적인 여성임을 잊지않았다. 아버지로 대표되는 가부장 문화는 여성을 인정하지 않았고 가믄장아기의 정체성은 그런 부모님 슬하에서, 그런 사회에서 생활하는 것을 거부한다. 자신의 정체성을 추구하기 위해 경제력의 확보는 그녀의 필수적 요소가 된다.

우리는 제주도의 많은 여성들에게서 여신 가믄장아기를 만날 수 있다. 이 여성들은 남성(남편)이 없어도 스스로 완전하다. 그녀는 남성의 동의나 협조를 전제로 하지 않고 자신의 노력과 이해에 따라 일한다. 남성들보다 더

용감하게 쟁기로 밭을 갈고, 마치 저승과도 같이 까마득한 바다로 자맥질하면서 바당밭을 개척해 내었던 도전적인 제주의 해녀들은 가믄장아기 원형의 영향을 많이 받은 여성들이다. 보통 남성들의 일이라 여겨지는, 예를 들면 집안의 장롱을 옮기거나 전구를 갈아 끼우거나 하는 일을 남편이 올 때까지 기다리지 않고 처리해내는 많은 제주의 여성들도 가믄장아기의 원형을 지니고 있다.

이 가믄장아기 여성에게는 휴식이 없다. 부지런하고 적극적이며 추진력이 넘친다. 삶의 목적과 삶의 길이 정확히 정해져 있다. 그녀의 정직함은 위선적인 가치들을 거부한다. 남에게 보이기 위하여 열심히 하는 것도 아니고 부러움을 받기 위해서 부자로 살려고 노력하는 것도 아니다. 열심히 사는 것이 당연하다고 생각하기 때문이고 또 자신을 잃지 않으려면 경제적인 능력을 성취해내는 것은 기본이라고 생각하기 때문이다. 그녀는 부자일 수는 있으나 과시하지 않으며, 낭비와 허영도 없다.

정직한 그녀는 여성으로서도 당당하며 여성이라고 무시당하는 경우에도 감정적으로 우왕좌왕하지 않는다. 타협하는 것도 싫어한다. 열심히 살고 있는 그녀는 남을 무시하지도 않으며, 남과의 관계에 복잡하게 얽히는 경험들에서 떨어져 있다. 자신 혼자만으로도 완성을 느끼는 그녀는 자신 이외의 누구를 꼭 필요로 하지 않는다. 살기 바빠 외로움에 빠지는 일도, 남에게 빠지는 일도 거의 없다.

여신 가믄장아기가 늠름하듯이 가믄장아기형 여성은 늠름한 마음을 가지고 있어서 귀여운 여인의 역할을 하는 것을 스스로 우스꽝스럽다고 느낀다. 그녀는 선그믓을 주장하고 쫓겨났지만 여성으로서의 관능적인 매력으로 남성의 눈을 끌려고 하지는 않는다. 자청비 여신처럼 남성에게 첫눈에 반하거나 고운 손을 만들고 싶어 연못에 빨래를 가지도 않는다. 결혼생활도 성적인 관계보다는 동지나 친구와 같은 결혼관계를 유지함으로써 협력자로, 친구로 지내게 된다.

만약 그녀가 이혼을 한다면 이혼을 원했든 아니었든 그 상황을 잘 극복한다. 분노나 복수심 같은 것은 없다. 남편이 자신을 버리고 다른 여성에게 갔다고 해서 황폐함에 빠지거나 우울해지지 않는다. 이혼한 후에도 남편과 별반 증오 없이 계속 친구로 남을 확률이 많다. 자신 자체로 서 있을 수 있는 능력이 있다는 점이 그런 그녀를 만드는 첫째 원인이다.

가믄장아기 여성은 남성 같다는 혹은 여성적이지 못하다는 평을 들을 수도 있다. 그러나 그녀는 이런 말에 신경 쓰지 않는다. 이것이 자청비 여성과 다른 점이다. 만약 자청비 여성이 남성의 영역에서 탁월한 인정을 받으면서 여성적이지 못하다는 말을 들었다면, 그녀는 여성적인 성적 매력과 좋은 성향들을 더 많이 보이려 노력했을 것이다. 그러면서 그녀는 세상의 탁월함들이 여성의 것이기도 함을 보여주고, 여성으로서의 정체성을 인간적인 차원의 확보를 통하여 더욱 강화시키려 할 것이다.

그러나 가믄장아기는 여성적이지 못하다는 소리에 대수롭게 지나간다. 여성이기 때문에 못하는 것도 별로 없고, 가녀린 여성이 아니어서 자신이 매력적으로 보이지 않을 거라고도 생각하지 않는다. 어쩌면 본인 스스로도 자신이 남성적인 성향이 많다고 생각한다. 이미 구획된 것들 안에서 그런 말을 많이 들어 왔고 자신의 능력을 성취해가는 과정에서 자연스럽게 내재화되었기 때문이다.

짧은 머리에 깃을 올린 티셔츠를 면바지에 담아 입고 서류파일과 필기도

구를 들고 열심히 일하면서 그다지 상냥하거나 친절하지는 않은 모습의 비즈니스 우먼들은 이 가믄장아기의 원형을 많이 지닌 여성이다. 애써 그렇게 하는 것이 아니라 그녀들은 그런 자신의 모습이 자연스러워서 좋다.

꼭 비교를 해보자면 자청비 여성은 짧은 스커트 속의 매력적인 다리를 내보이기도 하고, 열심히 일하면서도 부드러움과 친절함을 보여 주는 모습에 가까울 것이다. 반면 가믄장아기는 짧은 스커트가 여성적인 느낌을 주어서 거부하는 것은 아니다. 일하는 데 걸리적거리기 때문에 바지가 편할 뿐이다. 가믄장아기의 바지 속의 다리는 매력적일 수 있지만 그녀 자신은 그게 매력적일 수 있다는 사실에 애초부터 무신경하다. 쭉뻗은 다리에 꽂히는 야릇한 시선은 우습다고 생각한다. 여성적인 다정함이나 친절함들이 매력적일 수 있다는 사실 때문에 애써 다정과 친절들을 배우지도 않는다. 하지만 딱 부러지게 일을 잘한다는 것에는 지극한 노력을 하고 또 그것이 가장 매력적인 것이 아니냐고 암암리에 생각한다. 주변이나 남성의 승인이 아닌 자신 스스로의 승인과 자기 만족이 중요하다.

물론 이런 점은 여성의 미덕이라고 여겨지는 이 사회의 표준적 가치들을 거부하는 행동으로 나타나기도 한다. 착하고 온순하고 헌신적인 것들을 암암리에 거부하고 다만 자신의 만족과 자아정진에 주력하는 강한 모습을 보이게 되는 것이다.

신화에도 나타나듯이 가믄장아기 원형이 강한 여성은 자신이 결혼을 했으며 누구와 결혼했는지는 별로 상관이 없는 것처럼 보인다. 그녀는 자신이 가치롭다고 생각하는 것은, 그것이 별로 힘을 가지지 못한 것이라 하더라도 선택한다. 그녀는 가장 어려서 뒷전으로 밀리지만, 효를 제대로 실천하고 편견을 버릴 줄 알았던 힘 없는 막내 마퉁이를 선택한다.

만약 남편이 아내가 옳다고 생각하는 것을 지지하지 않을 뿐 아니라 비난하고 깎아내린다 하더라도 가믄장아기 여성은 자신을 고수하면서 자신이 하려는 일을 중단없이 추진한다. 어떤 현실적인 요구나 상황이 그녀의 내재된 의지를 외형적으로 잠시 막아둘 수는 있다 하더라도 그녀는 지속적으로 자신의 의지를 펴 나간다. 그녀의 자립심과 자신감은 열심히 사는 과정에서, 그리고 그런 노력에 의해 일군 경제력의 획득과 같은 데서 얻어지고 구체화된다.

가믄장아기는 신뢰일 것이고 자청비는 매혹일 것이다. 자청비 여성은 남편이 자신을 여성으로 사랑하지 않는다는 것을 알 때 화를 낸다. 결혼 생활이 길어질수록 무디어져 가는 사랑에도 화가 치민다. 그래서 화려한 속옷을 입어보기도 하고 교태를 부릴 수도 있다. 자신이 가지는 아름답고 여성적인 모습을 그녀 자신도, 남편도, 또 남성들도 좋아할 것이라 생각한다.

반면 가믄장아기 여성은 타 남성의 관심을 받더라도 무심하다. 쓸데없는 일로 생각하며 마음의 동요도 거의 없다. 부부라는 것은 꼭 매혹적이지 않더라도 같이 사는 것이며, 사랑이 아니더라도 그 이상의 이유가 있다고 생각한다. 따라서 그 흔한 사랑타령도 없다. 애교나 교태도 없지만 같이 살고 있다는 것은 같이 한 방향으로 매진하고 있는 것이라 생각하는 그녀에게는 남편에 대한 조바심이나 불신과 의심 역시 없다. 물론 그녀 역시 유혹에 빠져 타 남성과의 친밀한 관계를 가지거나, 꿈꾸지도 않는다.

가믄장아기 여성은 가부장제에 의해 억압받고 가치가 전도된 여성성을 구해낸다. 자신의 능력을 확고히 하고 그 능력을 바탕으로 억압받고 불평등하게 되어버린 모든 것을 적극적으로 타도하려는 사회운동가, 여성운동가들은 이 가믄장아기의 원형을 강하게 가지고 있는 여성일 것이다. 과격한 가믄장아기 여성은 성적 차별이 없는 문화가 가지는 성 정체성을 늘 추구하여 때로는 투쟁을 벌이기도 한다.

가믄장아기 여성은 너무나도 강한 목표지향적인 이상 속에서 전통적으로 여성적인 성향이라고 생각되어 왔던 것들을 하찮게 생각해 버리기도 한다. 소극적이고 수용적인 태도, 다른 사람을 돌보고, 남편이나 아이들, 가까운 사람들의 소소한 행복을 위하여 기꺼이 자신을 양보하고 희생하는 것, 외형적인 아름다움을 추구하는 것 등을 너무나 하찮게 생각해버릴 수 있다. 하지만 경제력이나 지위나 명예, 평등과 같은 가치들을 성취해야만 하는 궁극적인 목적은, 삶의 소소한 행복을 누리기 위해서이기도 하다는 것을 그녀는 늘 되새길 필요가 있다.

그녀는 기존의 가치들에 내재되어 있는 권위적인 질서와 타성을 깨면서 일반화시키는 비판적 실천의 소유자이다. 그러면서 기존 가치들의 보다 본질적인 내용, 왜곡되지 않은 본질적인 가치들을 추구한다.

그녀는 가부장제적인 왜곡된 질서를 거부한 것이지 효 자체나 여성 자체를 거부한 것은 아니다. 그녀는 거지 잔치를 벌여 이제 자신의 의지와 능력을 기반으로 창조된 효(부모의 요구와 사회의 강요로 이루어지는 효가 아니라 본성에서 우러나오는 효)를 실천한다.

그녀는 부모님 말씀을 거역하고 그들의 생각에 반하는 행동을 했지만 그런 그녀의 행동은 기존의 관례적인 효 관념에 반하는 것이지 불효가 아니다. 그녀는 다만 자신이 아버지-남편-아들에게 종속된 존재는 아니라고 주장했을 뿐이다. 그건 불효가 아니다.

그녀는 나중에 부자가 되고 자신이 스스로 설 수 있게 되었을 때 부모님을 위해 잔치를 벌이고 그들의 눈을 뜨게 해드린다. 맛난 것을 대접하고 좋은 곳, 좋은 것들을 많이 보게 해드리고 싶은 것, 그것이 그녀의 효였던 것이다.

그녀가 부정하는 것은 부모님의 말씀이라면 무조건 순종해야 한다는 기존의 전도된 효였지, 효 자체가 아니다. 마찬가지로 그녀는 자신이 여성임을 부정한 것이 아니라 여성에게 주어지는, 남성지배원칙에 의한 기존의 여성 이미지-늘 의존하는, 늘 대상으로만 존재하는-를 부정하는 것이다.

가믄장아기 원형을 지닌 여성은 자신이 중요하게 여기는 것에 강력하게 집중할 수 있는 능력이 있으며 목표까지 가는 동안 주변 사람들의 요구나 다른 사람들과의 경쟁 때문에 어수선해지지 않는다. 확고부동한 신념과 의지가 있고 끊임없이 매진하는 삶의 방식을 즐긴다. 자신이 옳다고 생각하는 일을 저돌적으로 추진한다. 상대방의 소극성에 화를 낼 겨를이 없다. 상대방의 소극성이 그녀의 매진을 방해할 것이라 예상하지도 않는다. 확고부동한 신념과 의지가 있기 때문이다. 엄격한 신념으로 정면돌파하는 그녀는 친밀함이나 겸손함을 배척하는 것은 아니지만, 그런 것이 그녀의 특성으로 내재화되어 있지는 않다.

이런 그녀는 꼭 머리띠를 두르고 나서지 않더라도, 확고한 신념을 가지고 있으며 원칙을 파기하는 일이 없다. 그래서 애교가 없다거나 드세고 친근감이 없다는 평가를 받기도 한다.

그녀는 비동조적이고 덜 순응적인 면도 가지고 있다. 이것은 그녀가 다른 사람의 비위를 맞추는 일에 무관심하고 자신이 원하는 것이 무엇인지 분명히 알고 있기 때문이다. 이러한 확신이 너무나 완고하기 때문에 그녀는 무뚝뚝하고 잔정이 없는 여성으로 평가받기도 한다.

가믄장아기 여성은 종종 독선적인 모습을 보이거나 타인에 대해 무관심한 모습을 보이기도 한다. 삶의 중심을 자신에 두고 부모이든, 남성이든, 자식이든 그 중심에 들어오는 것을 허용하지 않기 때문이다.

옳지 못한 일에 대해서 분노하고 주변 사람들에 대해 자신의 견해를 주장할 수 있는 강함이 있으며 그것을 행동으로 표출할 수 있는 독자적인 능력이 있는 것, 그것은 분명 가믄장아기 여성들이 지닌 장점이다. 그러나 그렇지 않은 것들을 부정하는 방법은 대단히 단호해서 복잡하게 얽혀있는 관계를 간단하게 끊어버릴 수도 있다. 그녀는 부모와도 단호하게 정을 끊어버리며 언니들에게도 가차없이 보복을 한다. 이런 단호함의 원인은 부당함에 대한 저항이겠지만, 너무나도 확고한 하나의 신념은 사람과 사물들의 중층적인 관계를 흑백논리의 단순함으로 잘라버리는 아쉬움을 남길 수 있다.

과잉 가믄장아기 여성인 경우 그녀는 무의식 속에 있는 포용적이고 여성다운 잠재성을 개발하여야 한다. 가믄장아기 여성은 사소한 감정적 교환을 주고받는 일은 낭비라고 생각하는 특성을 가지는데, 이는 자신의 목표에 믿음과 확신이 있고 주변 사람들도 그럴 것이라고 생각하여 상대의 기분에 대해서 무관심한 채로 열심이기 때문이다.

이런 가믄장아기 여성은 제주의 많은 여성들과 닮아 있는데 그녀는 이제 확고부동하지 못한 것들에 대해서도, 사소하고 하찮은 것이라 생각되는 것들에 대해서도 잔잔한 애정의 표현을 할 수 있어야 한다. 그녀는 자신의 연약한 모습을 보일 필요가 있으며 세심하게 사랑할 수 있는 사람이 되어야 한다. 관계에 따라서는 자신의 여성적인 특성을 보이는 노력도 해야 한다. 그녀의 부단하고 사심 없는 정진은 사회를 풍요롭게 하겠고, 언젠가는 모두 감동을 받겠지만 빨리 감동 받게 하는 것도, 매순간 감동 받게 하는 것도 중요하다.

혼자서도 너무나 잘 살 수 있고 그녀가 열심히 해서 얻은 성과들은 결국은 남들에게까지 미치게 되겠지만, 남과 나누며 같이 잘 사는 자세도 필요하다. 자신의 힘으로 모든 일을 처리해 버린다는 것은 처리를 못하는 것보다는 나은 일이지만 이로써 상대는 더 소외되기도, 더 약화되기도 한다. 그녀가 상대의 힘을 기대한다는 느낌을 내보일 때 상대는 예상치도 못한 힘을 발휘할 수도 있으며, 둘 사이에는 기분 좋은 낭만성까지 보강될 수 있다. 부부란 가장 은밀하고 또 가장 공개적인 관계이다. 부부가 친구처럼만 지낸다면 그건 조금 아쉬운 일이다.

그녀는 가끔은 간질거린다고 생각되는 관심과 애정도 표현해야 한다. 그것은 그녀가 선택한 확고부동한 가치에 반하지 않을 뿐만 아니라 강력한 지지를 얻어낼 수 있게 하기 때문이다. 그러기 위해서 그녀는 그녀 자신을 쑥스럽게 내보일 수도 있고, 쓸데없는 행동을 하는 것은 아닌가 하는 생각이 들 만큼의 세세한 표현을 의도적으로 실천해 나갈 필요가 있다. 표현한다는 것은 주위의 사람을 더욱 주의 깊게 관찰하고 배려하는 노력일 수 있으며 늘 정의를 추구하는 그녀는 곧 자신과 상대에게 알맞게 표현하는 법을 체득하게 될 것이다.

가믄장아기의 페미니즘은 슈퍼우먼 콤플렉스를 낳았다. 여성 정체성을 돌아보지 못하는 오류도 낳았다. 그러나 남성적인 모델과 가치들만이 인간의 가치로 인정되는 사회에서 여성성의 전복을 통해 가능했던, 적어도 진정한 선택들의 한 과정이었다는 점은 부인할 수 없다. 사내 같은 가믄장아기 여성들의 부단한 정진에 의해 전반적인 여성의 힘과 권리가 획득되어졌던 점을 간과할 수는 없는 것이다.

세상은 가벼워졌고 가까워졌다. 이제 세상은 다양하게 자신을 표현할 수 있도록 열려 있다. 복잡하고 힘든 것들은 단순화되어 많은 시간적 여유를 주고 있다. 자리에 가만히 있으면서도 연결이 가능하도록 시스템화되었고 그러면서 보다 감각적인 지각을 요하고 있다. 이제 세상은, 오히려 여성(적)이어서 더욱 많은 기회를 만날 수 있도록 변화되고 있다.

이런 세상에서 가믄장아기 여성들은 지금까지의 습관을 바꾸어야 할 필요가 있다. 여가가 생겨나면 생겨난 만큼 또 경제적인 성공 등에만 매진할 것이 아니라 여가라는 말이 가지는 의미 그대로 다른 곳으로 눈을 돌려야 한다. 전공이 전공 이외의 다른 것들에 의해 매력적이고 풍부한 것이 되듯 다른 곳으로 눈을 돌린다는 것은 오히려 그녀의 매진을 풍부하게 할 것이기 때문이다.

그녀들이 가지는 뜀박질, 실용주의, 의지, 끈기는 넘쳐난다. 이제 다음과 같은 것들과 친해져야 한다. 하품, 느림, 낭만성, 전공 이외의 여가활동, 취미, 감각, 유머, 다정다감함들과....

백주또

백주또

배타적이지 않은 어머니, 땅 가르고 물 가르는 아내

백주또신화

백주또는 제수도의 대표적인 당신화인 〈송당본풀이〉에 나타나는 여신이다. 한라산에서 솟아나 사냥을 하면서 사는 알송당 소천국은 오곡의 종자와 송아지 망아지를 가지고 자신의 배우자를 찾아 외지에서 입도한 백주또와 결혼한다. 백주또와 소천국은 천정배필을 맺고 아들 열여덟, 딸 스물여덟을 낳고 손자가 378명이나 되게 번성한다.

이렇게 많은 자식들이 태어나니 백주또는 걱정이 되었다.

"남인님아 남인님아 이렇게 놀면 어찌 삽니까? 이 아기들은 어떻게 먹여 살립니까? 농사를 지으십시오."

농사를 짓자고 권농하는 백주또의 말에 솔깃한 소천국은 백주또가 싸주는 점심을 들고 밭을 갈러 갔다. 밭을 갈고 있는데 지나가던 중이 요기를 청하자 소천국은 그에게 자기가 먹을 점심을 주어버린다. 허기가 진 소천국은 결국 밭을 갈아야 할 소를 잡아먹고서는 조금 모자란 듯하여 옆 밭에 있던 남의 소까지 잡아먹어 버린다.

백주또가 그릇을 가지러 밭에 가보니 어인 일인지 남편이 배로 밭을 갈고 있었다.

"아니, 소는 어디 두고 배때기(배)로 밭을 갑니까?"

소천국이 자초지종을 얘기하자

"이거 무슨 말입니까? 자기 소를 잡아먹는 것은 예상 있는 일이지만 남의 소를 잡아먹었으니 소도둑놈 말도둑놈 아닙니까? 땅 가르고 물 갈라 살림을 분산합시다."

백주또는 남의 소까지 잡아먹은 남편에게 결국 살림분산을 제안했다. 살림을 분산하고서 알송당에 좌정한 소천국은 자신이 본래부터 잘했던 사냥을 하며 살았다. 웃송당에 좌정한 백주또는 아들을 낳고 이 아이가 세 살이 되니 아버지나 찾아주려고 소천국을 찾아 갔다. 세 살 난 아들은 아버지를 만나자 아버지 무릎에 앉아 수염을 뽑고 가슴을 때리면서 어리광을 부린다. 그런데 소천국은 이런 아들에게 불효한다 하여 무쇠석갑에 담아 동해 바다에 띄워버린다. 무쇠석갑은 물 위에도 연 삼 년, 물 아래에도 연 삼 년 떠다니다가 용왕황제국에 들어가 산호수 가지에 걸렸다. 무쇠석갑에서 밤에는 초롱불이 등성하고 낮에는 글 읽는 소리가 등성하여 용왕황제는 막내 딸을 시켜 무쇠석갑을 열게 하였더니 도령이 튀어나오는 것이었다.

결국 막내딸과 천정배필을 맺게 된 이 사위는 소도 전全 마리 닭도 전全 마리를 먹어대어 점점 용궁의 창고가 비어가게 되었다. 황제는 하는 수 없이 막내딸아기에게 말을 건넸다.

"이거 안 되겠다. 너로 해서 얻은 근심이니 네 남편을 데려서 나가거라."

용왕의 막내딸아기는 남편에게 말을 시켰다.

"남인님아, 남인님아, 아버지에게 가서 무쇠 바가지 하나, 무쇠 방석 하나, 금동 바가지 하나, 상마루에 매어 둔 비루 오른 망아지 하나 주면 이 용왕국을 나가겠다고 이르십시오."

그래서 그들 부부는 다시 무쇠석갑에 담겨진다. 마침내 강남천자국에 떠오른 부부는 때마침 일어난 큰 난을 바다에서 얻어 온 비루 오른 망아지를 타고, 천 리에 번쩍 만 리에 번쩍하며 난을 평정해 놓았다. 강남천자는 큰 상을 내리려 하였으나 거절하고 제주땅으로 들어왔다.

아들이 부모를 찾아 인사를 갔다. 아버지 소천국에게 절을 하려 하니 아버지는 달아나버렸다. 어머니 백주또에게 절을 하니 '네 살 곳을 찾아 산 설립, 물 설립하고 수명장수 오곡풍성 육축번성 시켜주라'고 내보냈다.

백주또 원형

'모성'에 맹목적으로 매몰되지 않는, 개체적인 어머니

송당의 당신인 백주또는 모성적이면서도 자립적이고 개체적인 제주어머니들의 원형이다. 그녀는 실천력과 지혜로움을 가지고 있고, 필요한 일이라면 모두 최선을 다하려고 한다. 관대하며 이타적이고 고집스러울 만큼 자신의 원칙에 충실하고 타인에게는 여유롭다. 생활은 규칙적이며 아주 부지런하다. 남편도 없이 혼자 몸으로 아들 18, 딸 28, 손자 378을 키울 생각을 하면 까마득하게 여길 법도 한데 그녀는 남편에게 살림을 가르자고 제안한다. 그런 제안을 할 수 있는 이유는 부지런함과 그것을 기초로 한 확신을 가지고 있기 때문이다.

신화에서 나타나듯이 그녀는 그 많은 자녀들을 혼자 묵묵히 키워내면서도 힘들어하지도 수난과 희생을 하소연하지도 않는다. 아들과 딸 그리고 손자들은 제주의 전 지역으로 퍼져나가 각각 마을을 세우고 그 마을의 중심인 당신堂神이 된다. 그러나 이 어머니는 그 많은 자녀들을 마을의 신으로 마을의 설촌과 함께 각각 독자적인 내력담을 가지고 좌정시킬 만큼 훌륭하게 키웠노라고 내세우지도 않는다.

그녀는 본질을 희생시키지 않는다. 자신을 위해 아이들을 희생시키지 않고, 자기 가족을 위해 사회를 배반하지 않는다. 많은 식구가 살아가기 위해서 중요한 소였지만 자기의 소를 잡아먹은 것이라면 예사로 있는 일이라 생각한다. 그러나 남의 소를 잡아먹어 버리는 일은 아무리 남편이고 아이들의 아버지이지만 용서할 수가 없다.

　아이들이 사회에 필요한 사람이 되기를 바라지만 그렇다고 자신의 생각을 실현하기 위하여 아이를 껍데기뿐인 아이로 만들어 버리지 않는다. 아들, 딸이 성장하고 분가하는 과정에서 그들의 삶을 간섭하는 경우도 없다. 자녀들의 중요한 결정 사항들, 예를 들면 결혼과 직업선택에 대한 것들은 자녀들 자신의 몫이다. 아이들은 이런 어머니의 일상적인 삶 속에서 계기들을 배운다. 그녀는 모성적이면서도 개체적, 자립적일 수 있는 어머니를 표상한다.

미래를 대비하는 주도적인 삶

　백주또는 적극적이고 미래에 대한 예지를 가지고 자기주도적으로 생활하는 여성 원형이다. 세주도의 많은 신화에서 볼 수 있듯이 백주또신화에서도 마찬가지로 미래에 대한 예지와 현명함은 여성의 것이다. 수렵신인 남편 소천국이 밭을 가는 데 써야 할 소를 잡아먹어 버렸기 때문에 화가 나서 살림분산을 실행한 백주또는 배우자를 선택하여 외지에서 내려온 적극적인 여신이다. 그녀는 오곡의 종자를 가지고 온, 이른바 농경사회의 상징이다. 생산력이 낮은 수렵생활은 농경으로 바뀔 수밖에 없다. 백주또가 가지는 이 적극성은 생활방식에 대한 적극적인 개입으로 이어진다. 이는 제주도 신화들의 특징이기도 한데, 자청비나 가믄장아기가 그랬던 것처럼 이 백주또도 보통 남성의 몫으로 여겨지는 배우자의 선택이나 가정의 운명을 결정하는 생활방식에 대한 선택을 여성인 그녀가 주도적으로 한다. 그녀는 남편감을 찾아 길을 나섰고 외지에서의 지식, 즉 새로운 생활방식으로서의 농경에 대한 선각적 인식과 미래에 대한 예지를 가지고 권농하며 실천한다. 살림분산도 그녀가 제안한다.

"소를 잡아먹는 것은 예사로 있는 일이지만 남의 소를 잡아먹는 것은 소도둑놈 말도둑놈 아닙니까? 살림분산 합시다."

백주또는 다른 어떤 것보다도 자신의 내부를 삶의 중심으로 삼고 살아가는 여성들의 원형이다. 그녀 자신이 자신의 행동에 의미를 주는 중심점이다. 무질서와 혼란, 일상의 허덕임 속에서 그녀는 자신의 원칙을 가지고 우뚝 서 있다. 백주또 원형의 인식-대응 방법은 자기 내부를 들여다보고 반응한다는 것이다. 이 원형은 자신에게 정말 의미 있는 일이 무엇인지를 자신의 내부에서 구하고 가치를 만들어 간다. 그녀의 정체성은 남과 싸우면서 또는 남과의 관계에서 형성되는 것이 아니라, 자신 안에서 자신과 끊임없이 싸우면서 형성된다.

종종 그녀는 자신이 맺고 있는 관계 속에서 빠져 나와 자신을 고립시킨다. '관계'라는 것은 본질적이고 궁극적인 선의 원칙들을 파기하게도 하고, 때에 따라 변형시키기도 하기 때문이다. 권력, 사랑, 업적, 재산과 같은 개인적인 것보다는 인간적인 선의 원칙을 늘 추구하는 그녀는 끊임없이 어느 것이 좀더 인간적인가를 자신에게 물어보면서 행동한다. 이렇게 얻어진 도덕적인 힘, 카리스마는 그녀의 가장 큰 특성이다.

그녀가 남편인 소천국에게 '땅 가르고 물 갈라' 살림분산을 제안하는 것은 농경으로 생산방식을 전면적으로 바꾼 상황에서, 소와 같은 중요한 가축을 잡아먹어서이기도 하겠지만 그것보다는 남의 소를 잡아먹은 '악'을 행했던 데에 더 원인이 있다고 보인다.

그녀는 남편 소천국에게 '소를 잡아먹는 것은 예사로 있는 일이지만 남의 소를 잡아먹는 것은 도둑놈'이라고 말한다. 즉 백주또 원형은 남편으로서 가져야 하는 생활능력보다 더불어 살아가는 인간으로서 가져야 하는 경제 정의와 도리를 요구한다.

내 가정을 위해서라면 남의 것을 훔쳐오라 내몰기도 하는 세상이지만, 백주또에게 남의 것을 훔치는 것은 이혼을 결정하게 하는 이유가 된다. 가족 이기주의에 빠지지 않는 이런 태도는 자기이해와 관련된 개인적 관계보다는 대 사회적인 관계들에 중심을 두는 자세이다.

척박한 땅에 살기 위해서 부지런함이 필수였고 도둑질할 잉여분이 창고에 비축되지도 못했기 때문에 거지없고 도둑없고 대문없는 제주의 모습은 이렇게 만들어져 갔던 것이다.

독특한 개성의 소유자

백주또 원형에게는 신뢰로 이루어진 계약, 공동체, 가족, 마을의 통합을 위한 가치들이 자신만을 위한 개인주의의 가치에 앞서 선택된다. 이 초연함으로 인해 그녀는 타인들에게는 신뢰감을 주는 객관적인 여성이라는 평가를, 가족에게는 완고하고 정이 없다는 평가를 받는다.

이 백주또 원형은 완고하고 객관적인, 강한 여성들의 원형이다. 그녀는 합목적적인 판단과 함께 기본적인 선이라는 생활의 원칙을 정하고 이를 절대로 파기하지 않고 살아간다. 그녀는 타인들에 대해 지나친 간섭을 하지 않는다. 또 백주또 자신과 아주 친밀한 관계를 맺고 있더라도 기본적인 선을 넘어서 악을 행하는 것은 인정하지 않는 완고함이 그녀를 지배하는 특성 중에 대표적인 하나이다. 집단의 조화에 대한 관심과 존중이 그녀에게는 기꺼이 우선된다.

이런 백주또 원형은 원칙에 강하고 무뚝뚝한 성격을 가지고 있다고 평가받는 여성들의 원형이다. 그녀는 살아가면서 전개되는 사건들에 의해 쉽게 사기가 고양되지도, 또 비참해지지도 않는다. 그녀는 어떤 상황에서나 성실하게 원칙을 가지고 일을 처리한다. 이런 그녀는 보통 눈에 잘 띄지는 않지만 인간의 도리가 삶의 원칙으로 내면화되어 있어 그게 완고한 무뚝뚝함으로 비쳐지기 때문에 가끔씩 강하게 각인되기도 한다.

그녀는 사람들의 관심을 끄는 행동을 하지 않기 때문에 개성이 없는 사람으로 비춰지는 경우가 많지만, 예민하게 이 여성을 눈여겨보는 사람들에 의해서 신뢰가 가는 독특한 개성의 소유자라는 평가를 들을 수 있다.

남의 것을 훔쳤다고 이혼을 요구한 점도 그렇지만 어머니로서의 백주또도 독특하다. 그녀는 아이들을 자신이 원하는 쪽으로 지나치게 몰아세우지 않는다. 자식을 위해 최선을 다하지만, 아무리 돈이 많아도 그들을 최고의 것으로 치장해주지도 않는다. 많은 부모들이 그러듯 자기 아이들 자랑에 침이 마르지도 않는다. 남편이나 집안에 대한 사사로운 얘기도 거의 하지 않는다. 이런 점은 물론 '개인적인 관계'라는 항목에서 자꾸 빠져나와 자신을 돌아보기 때문에 가능한 성향이다. 어머니로서 아내로서 이웃으로서 이런 성향은 독특함으로 평가받을 수 있으며 날이 갈수록 진국이 되는 백주또 원형의 특질이기도 하다.

백주또 여성

 별다른 얘기를 해주지 않더라도 우리는 이 백주또 여성을 간단히 그리고 정확하게 구별할 수 있다. 나이가 들어도 밭에 나가 일하며, 며느리가 지어주는 밥을 먹지 않고 따로 밥을 해먹기를 고수하는 많은 제주어머니의 원형이기 때문이다. 이 백주또 여성은 설령 혼자이고 가난하더라도 묵묵하고 떳떳하게 아이들을 키웠을 것이며 자녀들은 인간적인 원칙들에 충실한 이 막강한 어머니를 두려워하면서도 존경했을 것이다. 백주또 여성은 아이들의 성공이 무척 자랑스럽지만 칭찬너스레를 떨면서 돌아다니지도 않고 여전히 묵묵하게 일할 것이다. 성공을 이룬 능력 있는 자녀들이 이것이 모두 어머니 덕분이라 하고, 어머니는 너희들이 부족한 어미를 가지고도 열심히 살아준 덕분이라고 서로에게 한 두 번쯤은 얘기할 것이다.

 가난한데다 고온다습하고 바람이 강한 제주도의 기후 조건은 가옥의 규모를 적게 해야 할 필요를 주어, 한마당 안에 있으면서도 안채와 바깥채(안거리와 밖거리), 외양간이 서로 분리된 다동분립형의 가옥 배치를 하게 하였다. 이런 가옥의 구조는 제주도의 분산된 경지와 밭농사의 체제가 만들어 놓은 부부중심의 개체적 생활을 더욱 구체화시켰다.

 부모와 자녀세대들은 한마당 안에 같이 살면서도 따로 살아간다. 부모님은 안거리에 살고 밖거리에는 아들이 산다. 그러다가 아들의 식구가 좀더 넓은 집을 요구할 정도로 늘어나면 아들에게 안거리를 양보하고 노인들은 안거리보다 조금 평수가 적은 밖거리로 옮기기도 한다.

 제주의 이 안팎거리 가옥구조는 정말 독특한 모습을 보여준다. 어린 아이에게 한마당 안에 두 채의 집을 그려보라고 한다면 당연히 두 채를 마주보게 그릴 것이다. 그러나 전부는 아니지만 제주도의 안거리와 밖거리는 등을 보이며 돌아서 있는 경우가 있다. 밖거리 즉 아들 집의 엉덩이가, 안거리 즉 부모 집 얼굴로 향해있는 셈인데, 이는 유교식 질서가 팽배한 분위기에서는 애당초 상상이 불가능한 가옥의 구조라 할 것이다.

 이렇게 마주보지 않고 같은 방향으로 지은 까닭은 너무도 명백하다. 바람을 막거나 습도 조절 또는 채광을 위해 안거리를 남향으로 지어야 했다면 밖거리 역시도 남향으로 지어야 할 터였기 때문이다. 이는 부모와 자식, 어른과 아이 또는 주인과 하인과 같은 종속관계를 지양한 제주사람들의 의식을 보여주는 것이기도 하다. 인간적인 선택을 한다는 것은 합리적이거나 지혜롭다는 것을 이미 포함하고 있다는 점을 이런 가옥의 구조를 통해서도 다시금 확인하게 된다.

 이 가옥구조에는 어떤 권위적인 요구가 없다. 문 하나를 사이에 두고 눈치를 살펴야 하는 상황도 아니다. 적당한 시점에서 안채를 며느리에게 내어 주고 자신은 바깥채로 옮겨가는 합리성과 객관성을 지닌 백주또 시어머니를 향해, 며느리들은 '시'자가 들어갔다고 시금치도 싫어하는 마음을 가질 수는 없다. 그녀들은 의무감이나 위선적인 마음으로, 형식적으로 행하는 효가 아니라 비교적 자연스럽게 우러나오는 자식들의 친효를 이끌어내는, 거역할 수 없는 지혜로움과 모성을 가지고 있다. 도리와 애정으로서의 효도는 종속적 부모자식 관계를 극복한, 개체적이고 인간적인 관계에서 우러나올 때 진실될 수 있을 것이다.

 두 세대는 '따로' 또 '같이' 산다. 아들은 아침에 일어나 마당에 나와 기지개를 켜면서 부모님의 상황을 살핀다. 아침밥도 따로 먹는다. 부모와 자식은 각각 자신의 밭으로 간다. 창고의 열쇠도 각자이다. 노인이 되었지만 부모들은 집에서 가장 가까운 밭을 택하여 자신이 직접 관리하고 움직일 수 있는한 밭에 나가 일을 한다.

이 '따로 또 같이'의 생활체제는 부모에 대한 자녀들의 압박감을 줄이면서 고부간의 갈등을 줄여 주었다. 아들과 부모는 독립적이면서도, 서로 도움을 주고 의지한다. 서로를 억압하고 간섭하지도 않는다. 한마당에 같이 살면서도 따로 살아가는 생활의 패턴에서 부모들은 권위적인 질서를 내세우거나 봉양받는 것을 다소 포기하는 대신 갑작스러운 상황에서 늘 보호받고 외로움을 달랠 수 있었다.

부지런함이 습성화되어 있으며 동시에 자립적인 이들은, 노인들만 따로 살아갈 경우 가지게 되는 경제적인 불안, 심리적인 외로움을 가지지 않는다. 반면 젊은 자녀들은 그들만의 자유로운 삶을 보장받으면서 동시에 자식의 도리라는 지나친 압박감에서도 놓여날 수 있었다.

제주의 어머니들은 자녀들의 짐이 되기보다는 오히려 자녀들에게 도움을 주는 경우가 많다. 아들 며느리가 너무 바쁘면 오히려 부모님이 바깥채에서 식사나 가사 일을 맡아 주기도 한다. 나이가 들어서도 경제활동에 참여했고 '안 쓰는 게 버는 것'이라는 검소한 생활자세를 가지기 때문에 특히 손자 손녀들의 진학이나 결혼과 같은 큰 일에 입학금이나 이불값을 주는 중요한 도움을 줄 수 있었다. 생활의 경험이 적어 당황하는 자녀들에게 좋은 방편을 마련해 주기도 했다. 같이 살면서 '할망 손이 약손'이 되어 경험이 없는 며느리의 육아를 도와주는 것은 물론이다. 아무것도 버릴 게 없는 그녀의 주냥정신은 변해버린 밥을 가지고 오늘날의 요쿠르트와 같은 〈쉰다리〉라는 음료를 만드는 지혜를 며느리에게 물려주기도 했다. 오늘날도 제주의 어머니들은 푸성귀 한 장이라도 가져다 주시려 하지, 부모라 해서 당연히 자신을 섬겨야 한다고 생각하지는 않는다.

고부간은 사실 심리적, 감정적 거리가 멀 수밖에 없는 불편한 관계다. 이런 고부가 좁은 집에 같이 동거함으로써 필요한 거리를 유지하지 못하고 침범 당하기 때문에 서로 더욱 불편해지는 것이다. 서구의 경우 서로 별거함으로써 고부의 갈등 문제를 해결하고 있는 셈이지만 노인들의 외로움과 보호의 문제는 여전히 남는다.

이 문제를 해결하는 것이 자녀인 젊은이들의 과제라면, 제주의 '따로 또 같이'의 가옥구조가 많은 시사점을 제공해 줄 수 있으리란 생각이다. 노인들에게는 경제력과 보호의 구조를, 젊은이들에게는 독립과 보은의 기회를 동시에 제공하는 이런 가옥구조는 그 물리적인 가옥의 패턴에 대해서도, 현대라는 사회에서 부모와 자녀와의 새로운 관계 조성에 대해서도 시사점을 제공하고 있다 하겠다. 그것은 관계와 관습이 요구하는 것들에 일방적으로 매몰되지 않고 삶의 개체성과 삶의 상호부조성에 늘 귀를 기울이는 것이다.

주냥정신이라고 이야기되는 제주도의 절약정신과, 생활력이 강하고 이타적利他的이라는 제주여성들에 대한 평가는 이런 백주또형 여성에게서 기원한다. 이타적이고 자존심이 강한 제주여성들은 제주도의 주냥정신을 '자린고비의 절약'과는 다른 내용으로 삶에 구체화시킨다.

자린고비의 절약은 무조건 참는 인색한 느낌의 것이다. 그것은 사실 모든 사람의 마음을 억압한다. 만약 손님이 찾아와 그 집의 음식을 먹게 된다면 그 손님은 반찬으로 매달려 있는 생선을 보면서 몹시 불편함을 느낄 것이다.

　그러나 제주도의 주냥정신은 밥상 위에 체면도 없이 매달린 생선처럼, 억압적이고 구차하지 않다. 더 궁한 때를 대비해서 주부의 손으로 숨겨져 진행되므로 밥상 위에서는 잘 느낄 수 없다. 또한 밥을 지을 때마다 쌀을 한두 줌씩 모아두는 항아리를 부엌 한 편에 모두 가지고 있었던 집집들은 서로 부득이한 경우가 아니라면 남의 집에서 신세를 지려는 생각을 아예 하지 않았다. 척박한 땅에서 남의 신세를 지는 것은 있을 수 없었다. 존재 자체에 타격을 주는 일이기 때문이었다. 그래서 그 흔한 각설이도, 각설이 타령도 제주에는 없다.

　남에게 신세를 지지 않으려는 생각과 함께 근검절약의 주냥정신이야말로 생활의 곳곳에 미치면서 제주 문화의 근간이 되고 있다. '제주'하면 떠오르게 되는 갈중이, 애기구덕과 같은 것들, 부지런함과 억척스러움, 도전성, 강한 생활력, 부부평등의 습속들의 바탕이 되고 있는 것이다. 허영심도, 내실 없는 형식주의도 그녀들에게는 없다. 쓸데없이 남을 부러워 하지도 않고, 자화자찬하지도 않는다. 땀을 잘 흡수하고 질긴 갈중이를 입고 밭에 나가 애기구덕에 아기를 눕혀 놓고, 잡초를 매고 물질을 하면서 악착같이 살지만 식사를 할 때 찾아 온 손님에게까지 구차한 내색을 보일 수는 없다. 자신의 힘으로 애쓰며 살고, 남의 것을 탐내거나 도둑질하지 않으며 떳떳하다.

　백주또 여성은 현실의 생활을 영위하고 살아감에 있어서 세계의 본질적인 가치들을 쉽게 잊어버리고 사사로운 욕심과 감정에 휩싸이며 사는 대부분의 사람들에게 경외되는 특별한 존재이다. 그녀들은 밀착되며 한정적인 관계들뿐만 아니라 모든 관계들에 대해 관용적이면서 주체적인 자세를 갖는 여성들이다.

　이 여성들은 인간적인 원칙들을 삶을 살아가는 기준으로 삼고 있기 때문에 개인적인 사리사욕에 치우치지 않고 공정하게 일을 처리한다. 자기 남편이나 자기 자식들이라고 해서 편을 들어주기보다는 나무라기를 잘하는 백주또 여성을 특히 우리들의 어머니 세대에서 많이 만날 수 있다.

　신화에서 남편에게 "소를 잡아먹는 일이야 예사이지만 남의 소를 잡아먹다니, 소도둑놈 말도둑놈 아닙니까? 살림분산합시다."라고 요구하듯 백주또 여성은 자기 남편으로서의 개인적 정분보다는 사회 경제의 정의와 도리를 기꺼이 중시한다. 자신에게 엄격하고 남들에게 관대한 것, 결국 이것은 자기 자식에게 엄격하고, 자기 남편에게 엄격한 것으로 자연스럽게 이어진다.

　이 공정성이 때로는 가까운 사람들을 화나게도 한다. 지극히 개인적인 사랑의 움직임마저도 객관적인 것으로 만들어 버리기 때문이다. 관계를 소중하게 생각하면서도 독립적일 수 있는 이 여성에게 남편은 자신에게 관심이 없는 것이라 생각하기 딱 좋다. 또 친구와 다투고 들어오면 우선은 자기가 욕을 먹어야 하는 자녀들은 이 백주또 어머니를 진짜 내 어머니가 아닐 거라고 울먹거리기도 할 것이다. 이는 공정하며 객관적이고, 남에게 관대하고 자신에게는 철저한 그녀가 만들어 낸 그녀의 특성이다.

　백주또 여성들은 공통적인 원칙들을 가지고 있다. 아무리 먹을 것이 없어도 남의 창고를 탐내거나 시기하지 않으며 허리가 휘어지도록 일을 해서 자녀들에게 식량을 만들어다 준다. 남과 싸우거나 남에 대한 싫은 소리들을 주절거리는 것을 싫어하고 간섭하지 않는다. 이 삶의 원칙은 생활상에서 그대로 나타나 어려운 일이 있어도 혼자 해결하려 한다. 하소연하는 경우도 거의 없다.

이것은 남편과 자녀들을 비롯한 가족관계에서도 그대로 나타난다. 남편은 있으나 남편에게 의존적이지 않으며 오히려 그녀의 적극적인 생활 방편의 모색과 부지런함에서 가정경제를 해결해 간다. 가족에 대한 그녀의 원칙 중에는 부지런한 책임감이 으뜸이다. 그녀는 주부이자 어머니로서 가정을 윤택하게 해야 하고, 또 할 수 있다는 신념과 확신을 가진다.

백주또 여성은 남편만 밭에 보내지 않는다. 밭으로 나가라고 남편을 채근하기 전에 이른 새벽에 벌써 혼자 밭에 나가 있다. 자신의 내부에 기본적으로 선한 마음과 책임감을 가지고 있기 때문에 타인들 역시도 그럴 것이라 믿는다. 따라서 남편이 밭에 나오지 않으면 밭에 나오지 못하는 이유가 있을 거라고 생각한다. 무책임하게, 게을러서 밭에 나오지 않는 것이라고 생각하지 않는다.

힘들고 피곤하다는 소리도 없다. 밤이 되어 들어와 정다운 말이나 웃음을 건네지도 않고, 지친 표정도 없이 부엌으로 들어가는 것이 그녀의 일상이다. 이런 점은 처음에는 다른 사람들을 긴장시키기도 한다. 하지만 오래 지나 무덤덤해지게 되면 싱싱한 대화나 활기를 죽이고, 사람과 사람 사이를 액자 속의 정물화처럼 바꾸어 버리는 경우도 있다.

백주또 여성의 장점은 자립적이고 성실하며 책임감이 강하다는 데 있다. 한 가족의 어머니로서 그녀의 지위에 대한 철저한 역할수행은 너무나 완고하다. 남편 역시 그럴 것이라고 믿는다. 일에 게으름을 피우거나 자신의 몫을 남에게 밀어둘 수도 있다는 것을 그녀는 상상하지도 못한다. 그녀가 그런 생각을 한 적이 없기 때문이다.

　주부로서의 그녀는 가정생활을 윤택하게 해야 할 필요와 의무를 자식들을 통하여 느낀다. 집안의 경제는 남편과 동시에 책임지려 한다. 오히려 남편보다 그런 책임감이 더 강한듯 보인다. 그녀는 자식들에게 최고로 해줄 수는 없어도 길거리에 내놓을 수 없다고 다짐한다. 그리고 설령 최고로 해 줄 수 있는 경제적인 능력이 있어도 남과 확연히 구분되는 최고의 것으로 치장해 주지도 않는다. 그녀들은 늘 명심하여, 있을 때 아끼고 보일 때 준비해 두는 것이 체질화되어 있다. 또한 공동체를 배려하는 그녀 내부의 원칙이기도 하다.

　제주의 문화는 여성문화라고 해도 과언이 아니다. 사실 제주도를 지탱해 온 것은 남성들이 아니라 척박한 땅에서 자손들을 먹이고 입히려 긴긴 하루 머리 수건 한번 벗지 못한 채 살아 온 제주의 어머니들, 백주또 여성들이 있기 때문이다. 샘에 가서 식수를 떠서 물허벅에 지고 나르는 일, 애기구덕에 애기를 눕히고 웡이자랑 노래를 부르면서 잡초를 매는 일, 바다에서 숨이 끊어질 것 같은 경험을 하며 미역이며 전복을 따오는 일, 밥을 지으면서 ᄌᆞ냥의 쌀독을 마련하는 일, 늦은 밤에 헤어진 옷을 깁는 일, 그 모든 일을 했다.

　궂은 일, 힘든 일, 남들이 하기 싫어하는 일들을 좀더 유용하고 편안하게, 좀더 많은 가치를 확보하면서, 좀더 합리적이고 인간적으로, 그녀들은 치마를 입고 폼을 잴 틈도 없이 도맡아 했다. 바로 그것들이 생활력이 강하고 목소리가 높으며 부지런하고 도전적인 여성성, 안팎거리의 가옥구조, 수눌음과 같은 협업체계, 갈중이, 애기구덕, ᄌᆞ냥정신, 할망바당과 같은 제주의 문화이다.

  인간사인 까닭에 아이러니하지만 생활력이 강하고 너무 부지런한 것이 때로는 문제가 되기도 한다. 상대를 의존적이게 하고 게으르게 하며 책임에 소원하게 만들기 때문이다. 그래서 미래를 항상 대비하는 절약과 부지런함을 지혜롭게 실천해내는 백주또 여성의 어떤 남편들은, 무책임하기도 하다. 항상 여분의 해결방책들을 감쪽같이 준비하는 든든한 그녀가 있기 때문이다. 그래서 그는 의도적이지는 않을지라도 가정의 책임져야 할 상당 부분을 이 부인의 자발적이고 적극적인 책임감을 핑계로 뒷전에 밀어놓게 될 수 있다.

  실제로 제주도의 경우 여성들이 가정의 경제를 맡고 있는 경우가 많다. 서울의 경우 빠듯한 가정경제와 파편화되고 익명적인 인간관계의 도시적 사회경제 구조 등의 이유로 밤늦도록 술을 마시는 광경은 흔한 일이 아니다. 그러나 신선한 기획서를 제출해야 하는 직장도 많지 않고 지하철이 끊기는 것도 아니고 사오천원이면 곧 집에 갈 수 있고, 사람들 간의 관계는 친밀하고 거기에 생활력 강한 아내들이 오늘도 씩씩하게 집을 지켜 주고 있는 제주의 남편들은 사실 가정경제의 일방적인 책임감에서 많이 놓여나 있다.

  여성 쪽이 가정경제를 책임지는 것이 꼭 잘못된 일은 아니다. 문제는 가정경제, 육아, 가사, 부모공양 등 모든 일을 혼자 도맡아 하는 데 있다. 이런 점이, 아내는 한푼이라도 절약하려 애를 쓰고 밤낮으로 열심히 일하는데, 낮은 성취동기를 가지는 백주또 여성들의 어떤 남편들은 그녀 옆에서 음주나 즐기는 한가로운 광경들을 더러 만들어 내는 것이다. 이 부분에서도 특징적인 것이 있는데, 가무는 그다지 많이 즐기는 편이 아니라는 점이다. 부지런함이 워낙 필요한 지역이라 신명나게 노는 듯이 보이는 가무는 확실히 타지역에 비해 보이지 않는 편이다. 여행계를 만들어 관광여행을 가는 것도 드물지만 버스 안에서 노래를 부르거나 들판에 모여 춤을 추는, 이른바 신명나게 노는 것은 제주사람들에게서는 거의 볼 수 없는 광경이다.

능력 성취를 위한 가믄장아기의 매진, 백주또의 인간적 도리와 부지런함들이 상대적으로 느슨하고 무책임한 남편을 만들어 내는 데 일조를 한다는 것은 남성에게도, 상대의 여성에게도 바람직한 일이 못 된다. 그녀는 힘들다고 표현할 줄 알아야 하며 남편의 무책임에 질타를 할 수도 있어야 한다. 그녀의 철저한 자립성은 남편이 누구든 거의 상관없다는 독립적인 자세로 오인될 수 있기 때문에 이런 점이 처음에는 그녀만의 독특하고 안정된 매력이 될 수도 있지만 시간이 갈수록 남편은 무심하고 무책임해져 갈 수 있다. 또 자신 역시 점점 남편을 무시하게 되어버릴 수도 있다. 이것은 인간에 대한 믿음과 기본적인 원칙을 지켜가는 그녀의 가치에 반하는 비본질적인 결과를 낳을 수도 있는 것이다.

백주또 여성은 사려 깊으며 자존심이 강하고 자기표현에 인색하다. 그녀는 마치 아버지 같은 어머니이다. 자식들에 대한 책임감이 지나칠 정도로 강하며 그들에게 최선을 다하여 도움을 주지만, 자기 자식만 최고라고 여기거나 효도라는 보상을 원하지도 않는다. 남편에게 의존하지 않으며 늙어서도 자식에게 기대지 않는다. 나이가 들어서도 경제적으로 독립된 생활을 추구하며 자식의 삶에 의존하기 싫어하는 백주또 여성들의 모습은 노후의 모습이나 고부간의 갈등, 효에 대한 바람직한 시사점들을 보여준다.

백주또 여성은 사물과 사람간의 이치를 잘 헤아리면서 인정이 많고 속이 깊다. 그러나 그것을 표현하는 일은 쑥스러워 하는데 이것 역시 사람이라면 누구나 다 그럴 것이라고 생각해서이다. 이 백주또 여성들은 다른 사람과도 강한 유대감을 가지는데 여기에는 다정함이나 정열과 같은 것들은 배제되어 있다. 그녀는 그 유대가 단단한 신뢰로 맺어져 있기 때문에 별다른 말이나 표현을 필요로 하지 않는다고 느끼는 것이다. 그녀는 내성적이라기보다는, 굳이 할 필요가 없다고 생각하여 말을 삼간다.

　이 여성에게서 애교스러운 여성의 매력은 찾아보기 힘들다. 애정의 표현에도 인색하다. 말과 행동이 간소하여 비판 한마디에, 칭찬 하나에도 비중이 실린다. 이들은 과묵하나 한마디 말과 행동의 묘를 알고 있다. 변함 없는 마음을 가지고 있으나 세사에 둔하지 않은 인간적 성숙을 보이는 까닭에 수려한 위엄도 보여준다.

　그러나 백주또 여성의 이런 완고함은 포용력이 없이 자기 고집만 센 것으로 오해받기 쉽다. 그러나 신화에서도 나타나듯이 그녀는 이혼한 남편에게도 호의적이며 세 살 난 아이에게 아버지를 찾아줄 만큼 포용적인 자세를 보여준다. 이혼한 남편에게 호의적이며 아이에게 아버지를 찾아주기까지 하는 여성은 흔하지 않다. 이 여성은 나이를 먹어갈수록 인정과 존경을 받게 된다.

　그녀의 진실은 오랜 시간이 지나야 느낄 수 있고 그래서 더 값진 것으로 생각되기도 한다. 그러나 아직 어린 자녀들은 어머니의 무조건적인 사랑을 풍부하게 느낌으로써 더욱 안정되고 자신감 넘치게 살 수 있는 면도 가지고 있음을 간과해서는 안 된다. 나를 무조건 믿어 주고 안아 주는 어머니가 있다는 것은 참으로 든든하고 행복한 일이다.

가믄장아기의 무심함과는 달리 백주또는 깊고 세심한 정을 가지고 있지만, 가믄장아기와 마찬가지로 백주또도 그녀가 가진 마음속의 풍부한 애정을 자주, 많이 표현하는 것이 필요하다. 상대방이 나를 지극히 사랑하고 기대한다는 것을 느낄 때, 그런 그녀에 의해서 그녀의 남편과 아이들은 상상도 못할 창조성과 능력을 발휘할 수 있기 때문이다.

백주또는 원래 농경을 시작하게 한, 창조력을 가진 여신이다. 그런데 그녀는 현실적인 삶 자체에 대한 지극한 부지런함과 책임감으로 인해 낭만적이고 감상적인 삶의 다른 영역들을 놓쳐버린다. 백주또 여성들의 현실에 대한 탁월하고도 지혜로운 극복능력과 개척정신, 부지런함으로 인해 풍부한 제주의 민요들과 제주의 애기구덕, 갈옷, 부엌, 장독대와 같은 생활문화와 습속들이 탄생되었지만 반면 인간 정신을 고양시키고 풍요롭게 하는 예술문화에 대한 독창적인 시선이 막히기도 했다.

백주또 여성은 자신이 뮤즈가 될 수 있어야 한다는 것을 주의 깊게 생각할 필요가 있다. 그녀의 일에 대한 지나친 부지런함과 책임감은 유머, 농담, 재치, 시적인 감상과 같은 생활의 또 다른 풍요로움을 놓치게 하기 쉽다. 그녀가 가지는 의미 있는 삶의 자세는 친밀한 말들, 유머와 애교, 웃음을 통해서 실어 나를 수 있을 때 더욱 의미있게 확산될 수도 있다. 이 여성에게는 나 몰라라 게으름을 피우기도 하고, 웃고, 울며, 껴안고, 수다를 떠는 자세가 필요하다.

원강아미

원강아미
이른바 여성적인 가치의 독사와 패러독스

원강아미신화

옛날 김진국과 임진국이 한 마을에 살았다. 김진국은 가난했고 임진국은 천하 거부였다. 두 집안은 자식이 없어 동개남은중절에 들어가 백일 불공을 드려 김진국은 아들을 낳고 임진국은 딸을 낳았다. 이름을 각각 사라 도령과 원강아미라 지었다. 김진국과 임진국은 사돈을 맺어 어린 사라 도령과 원강아미를 「구덕혼사(婚姻)」시켰다.

원강아미는 스무살에 아이를 가지게 되었는데, 그 때 남편인 사라 도령에게 서천꽃밭 꽃감관을 살러 오라는 옥황상제의 전갈이 왔다. 아무리 모진 길이라도 남편을 따라 가야 한다는 생각에 원강아미는 힘든 몸으로 서천꽃밭을 향해 출발했다. 서천꽃밭으로 가는 길은 멀고 험난했다. 원강아미는 임신한 몸으로 더 이상 걸을 수가 없어서, 천하거부인 제인장자 집에 자기를 종으로 팔아 두고 가면 기다리마 하였다. 어머니는 삼백 냥, 뱃속

아이는 백 냥에 팔렸다. 사라도령은 아들을 낳으면 '신산만산할락궁이', 딸을 낳으면 '할락댁이'라 이름을 지으라 하고 얼레빗을 반으로 꺾어 부인에게 증거물로 주고 서천꽃밭으로 떠났다.

그날부터 원강아미의 모진 종살이가 시작되었다. 제인장자는 계속 몸 허락을 요구하였지만 원강아미는 그때마다 핑계를 대어 위기를 모면하였다. 아들을 낳아 〈신산만산할락궁이〉이라 이름을 지었다. 모자는 온갖 고초를 다 겪어야 했다. 세월은 흘러 할락궁이는 열 다섯 살이 되어 아버지를 찾아 떠났다.

우여곡절 끝에 꽃감관인 아버지를 만난 할락궁이는 본메본장(증거물)으로 어머니 원강아미가 준 얼레빗을 꺼내 꽃감관인 아버지 사라도령에게 보였다. 꽃감관은 자신이 지닌 반쪽 얼레빗과 맞춰 보고 아들임을 확인하고, 할락궁이가 올 때 건넜던 무릎에 차는 물, 잔등에 차는 물, 목까지 차는 물은 어머니가 제인장자에게 초대김, 이대김, 삼대김, 세 번 고문당하던 물임을 일러준다. 그때야 할락궁이는 어머니가 제인장자에게 죽음을 당한 사실을 알게 된다.

아버지는 할락궁이를 서천꽃밭으로 데려 갔다. 꽃밭에는 사람을 죽여 멸망시키는 수레멜망악심꽃, 죽은 사람을 다시 살려내는 환생꽃, 앙천 웃음이 터지게 하는 웃음웃을꽃들이 있었다. 아버지는 하나 하나 꽃들에 대해 설명해 주면서 돌아가 원수를 갚고 어머니를 살리라고 일러준다.

할락궁이는 아버지와 이별하고 집으로 내려왔다. 제인장자는 할락궁이를 죽이려 하였다. 할락궁이는 제인장자의 일가친척을 불러모아 웃음꽃을 뿌려 웃음판을 벌이고, 싸움싸울꽃을 뿌려 패싸움이 벌어지게 한 뒤 수레멜망악심꽃을 뿌려 일가 친족을 모조리 죽였다. 작은딸 하나만 살려 두어 어머님을 죽여 던져 버린 곳을 가르치게 하였다.

　어머니를 찾아가보니 어머니의 머리는 청대밭에, 잔등이는 흑대밭에, 무릎은 띠밭에 던져 놓아, 뼈만 살그랑하게 있었다. 아들은 뼈를 모아 서천꽃밭에서 가져온 환생꽃을 뿌렸다.

　"아이고 봄 잠 오래도 잤다."

　어머니인 원강아미는 그렇게 살아났다. 할락궁이는 어머니를 서천꽃밭에 모시고 들어갔다. 서천꽃밭에서 어머니 원강아미는 어린 아이들을 돌보는 일을 맡았다. 할락궁이는 아버지 꽃감관 자리를 이어받았다.

원강아미 원형

희생과 수난의 삶

원강아미는 서천꽃밭이야기를 풀어내는 신화, 〈이공본풀이〉의 여신이다. 원강아미는 애기구덕에 눕혀 키우는, 아직은 어린아이 때, 부모의 의사에 따라 결혼을 한 '구덕혼사'를 한 여신이다. 남편은 사라도령이다. 원강아미의 아들 할락궁이는 나중에 서천꽃밭 꽃감관이 된다.

'모성 원리'는 신화에 많이 등장하는 화소이다. 이는 대체로 어머니로서의 여성의 역할이 강조되고 출산의 고통, 남편과의 이별 문제 및 자녀 양육 과정에서의 고통, 아들에 의한 구원으로 형상화되는 것이 보통이다.

원강아미 원형은 전통적인 여성상으로 알려진 희생과 수난의 여성, 아내와 어머니의 원형이다. 원강아미는 자신들의 존재 의미를 상대방과의 관계의 지속과 성공에서 찾는다.

이 여신을 지배하고 있는 '관계'는 중층의 복합적인 의미를 내포한다. 그녀의 아버지는 임진국이었고 천하 거부였다. 상대인 사라도령의 아버지는 몹시 가난했다. 이 두 아버지는 같은 마을에 살았고, 둘 모두 마흔이 다 되도록 아이가 없자 함께 불공을 드리고 자식들을 낳았다. 그리고서 이 둘은 사돈을 맺어 아이들을 구덕혼사 시킨다. 제주에서는 애기구덕에 아이를 눕혀서 밭에 들고 나가 흔들어 재우면서 아이를 키웠다. 구덕혼사란 아이들이 이 아기요람인 구덕에 누워 있을 때 혼사를 시키는 것을 말한다.

이 신화에서처럼 제주도는 촌락내혼제를 많이 실시했었다. 늘 가문간 쟁

투의 위험이 있는, 혈연에 기반한 동족취락의 한반도 지역은 워낙 적덕자로서의 덕망가들끼리가 아니면 동네사돈 맺기가 어려웠다. 그러나 제주도의 경우는 각성바지가 모여 사는 혼성취락을 형성하고 있었으므로 촌락내혼이 쉽게 이루어졌다. 또 타지역에 비해 제주에서는 격이 다른 위의 두 집안끼리의 혼사도 가능했다. 이 촌락내혼은 결국은 공동체 의식을 강화시키는 기능과 함께 남녀평등을 확립하는 계기를 마련했다. 여자 쪽 집안이 바로 곁에 살고 있다는 것은 그녀에게 큰 힘이 되었을 뿐만 아니라 그녀를 함부로 대하지 못하게 하였던 것이다.

원강아미 여신에게 있어 '관계'는 복합적 의미망을 가지는 것이었다. '구덕혼사'는 원강아미 자신의 의지와는 상관없이 운명처럼 온 것이었고 또한 이들의 혼사는 개인적 결혼 이외에 공동체의 결속을 의미하는 것이기도 하였다. 따라서 이 관계는 선천적 운명적이고, 후천적 사회적인 모든 관계들의 정점이었다. 그녀의 모든 것을 결정하는 무소불위의 힘을 가지게 되는 것이다.

원강아미에게는, '관계'가 사랑이 되고, '관계'가 책임이 되고, '관계'가 그녀의 존재이유가 된다. 자신들에게 의미 있는 관계를 잘 유지하는 것이 그녀가 살아가는 이유이다. 따라서 보통은 예민하고 섬세하며 정에 이끌리는 모습으로 인간관계에 대해 무조건 애착한다. 이는 원강아미가 관계의 변화와는 상관없이 일방적으로 희생하고 수난을 당하는 여성이 되고, 인내와 양보의 여성성을 가지게 된다는 암시이기도 하다.

원강아미 여신의 관계를 위협하는 인물은 제인장자이다. 남편을 따라 나선 그녀는 임신한 몸으로 더 이상 걸을 수가 없어 제인장자의 집에 몸을 판다. 하지만 사라도령을 남편으로 둔 원강아미로서는 팔린 몸이라 할지라도 새로운 관계를 맺을 수는 없었다. 하지만 돈으로 사고 팔린 사랑은 '희생과 수난'이라는 한계를 재현한다. 꼼짝없이 이 여신에게 있어 희생과 수난은 예정되어 있다.

사회가 요구하는 스테레오 타입

원강아미 원형은 과거에서 현재에 이르기까지 남성지배의 사회에서 요구되는 표준여성형(스테레오 타입)의 원형이다. '관계'를 맺는 데 그녀의 감정과 의사는 별반 개입되지 않았으나 그녀의 모든 것은 이 관계 안에 있다. 사랑하는 마음뿐만 아니라 그녀의 모든 것은 자신과 관계를 맺고 있는 남편이나 가족, 사회 내에 있다. 그녀는 자신의 모든 것을 관계가 요구하는 대로 맞춘다.

원강아미 원형이 개인적 관계에 매몰될 경우 그녀는 아버지-남편-아들에게 보호받고 그들 내에서 살아가는 삼종지도의 전형이 된다. 어릴 때는 아버지에게, 결혼을 해서는 남편에게 그리고 나이가 들어서는 아들에게 의존한다. 그녀는 이들에게 지속적이고 집중적인 사랑을 보이며 그들의 기대에 부응한다. 모진 고난을 당하고 죽은 원강아미 여신은 아들이 환생꽃을 뿌려 살려내자 '아이고 봄 잠이라 오래도 잤구나'하며 머리를 긁으면서 일어난다. 이처럼 원강아미의 힘은 그들에게서 나오고 특히 아들에 대하여 보람을 느끼며, 희생과 수난의 대가를 받게 되면 자신의 고통을 까맣게 잊고 만족해 한다.

이 희생과 수난은 남성들에게 또는 주변들에게 원강아미에 대한 연민을 갖게 하고 그들이 관장하는 제도의 변화를 모색하게 하는 영향을 줄 수도 있다. 그러나 이것은 그녀 자신의 정체성과는 별 관련이 없는 일이다. 그녀의 남편 사라도령은 그녀가 제인장자의 모진 협박과 고문에 못 이겨 죽어가고 있음을 알지만 꽃감관이라는 그의 지위만을 수행하느라 그녀를 죽게 방치한다. 그녀는 남편과 아들 때문에 죽은 것이나 다름없지만, 거기에 따라오는 그들의 행동은 없었다.

그녀의 삶을 규정하는 것은 남편과 자식이다. 아들에 의해 환생하고 구제되어서 서천꽃밭으로 간 그녀는 그 곳에서 열 다섯 살 이하의 어린아이들을 보호하는 여신이 됨으로써 희생과 수난의 대가를 보상받는다. 결국 남편과 그녀의 아들은 그녀의 의식과 행동까지도 열 다섯 살 이하에 묶어놓는 것이다.

이렇게 원강아미는 관계의 변화를 괘념치 않고 영원히 일방적으로 사랑을 하고 일방적으로 책임을 진다. 원강아미 원형은 이런 여성상을 구현하는 일을 당연하고 긍정적으로 여기며 개인적으로 의미 있는 일이라고 생각한다.

원강아미 원형은 애정과 유대감이 무엇보다 필요한, 의존적인 여성들의 원형이다. 이들의 마음은 다른 사람에게 향해 있으며 상처받기 쉽다. 이 여신은 혼자 있을 때 불안감을 느끼며 상대에게 전적으로 의존한다. 이 의존은 거의 절대적인 것이어서 그녀는 상황이 어떻게 변하건 절대로 다른 길을 생각하지 않는 고지식한 태도를 보이는 경우가 많다. 최선을 다하여 봉사, 희생, 양보와 같은 애정적 태도를 상대에게 보인다. 이것은 그녀의 성격이나 의지일 수도 있지만 바로 남성지배의 사회에서 많은 여성들에게 자신도 모르게 내재된 정체성일 수도 있다. 푸코의 말처럼 '누구도 지배체제의 언술행위에서 완전히 자유로울 수 없는' 것이다.

여성적 가치들

이 원형은 최근 자주 등장하는 여성적 특질 혹은 여성적 가치의 원형으로 신뢰와 책임의 사회, 기존의 사회를 유지하는 데 가장 기본적인 바탕을 제공하는 원형이 될 수 있다.

여기에서 말하는 여성적인 가치란, 이른바 여성적인 것이라 말해지는 사랑에 대한 영원한 추구, 관계지향적인 자아의 구성, 인내, 희생과 봉사, 연민, 직관, 이해력, 감수성이라는 여성적인 특질과 행동특성 등이라 할 수 있을 것이다.

모든 사람의 필요를 보살피는 원강아미의 이 여성적 '관계지향성'-자신이 가지는 관계들에 대한 희생과 인내, 포용, 봉사, 연민 이해력, 사랑에 대한 영원한 추구와 같은-은 신뢰와 책임의 사회, 바람직한 인간사회를 유지하는 데 있어 기본적으로 무척 사랑스러운 태도라고 할 수 있다.

문제는 이 사랑스러운 태도가 부정적인 방향으로 나아갈 수도 있다는 데 있다. 즉 이 사랑스러운 그녀의 관계지향성은 기존의 가족을 유지시키고 더 나아가 지역 공동체를 지키고 풍요롭게 하는 데 필수적이지만 사회 전체의 맥락적 고리들을 살피지 못하고 절대적으로 자신의 관계만을 소중한 것으로 생각할 때는 이기적인 개인주의, 가족주의, 집단 이기주의, 패거리주의로 만연된 폭력적 세상이 될 수 있다.

또 하나 위험스러운 것은 어떤 권위적인 것들에 의해 이 관계지향적, 여성적인 태도들이 이용될 때 오히려 남성지배를 더욱 확고히 하는 기제로 작동될 수도 있다는 점이다.

물론 원강아미 원형을 남성지배에 대해 여성들의 계산된 순종이라거나 지배-순종이라는 일종의 매커니즘 속에서 그녀들에게 주어지는 지위를 즐기는 것으로 일방적으로 몰아세워서는 안된다. 그녀의 사랑은 상대인 타자에게 무엇인가를 요구하지 않는다는 점에서, 계산의 귀결이나 단순한 결과들로 인해 끊임없이 위험을 받는 약한 사랑이 아니다.

그녀의 사랑은 아주 헌신적이며 순수한 사랑의 원형이기도 하다. 즉 원강아미는 지배가 무기이고 힘이라는 것을 보여주지 않았는데도 스스로 그렇게 한다.

그러나 이런 자발적인 순종과 희생이 원강아미 주체의 의식적이고 해방된 지적 행위라고 할지라도 그 자체로 권력의 결과일 수도 있다는 점을 인식한다는 것은 중요하다. 원강아미의 행동은 그녀의 신념에 의해 그녀가 자유롭게 선택한 것이 아니라 남성지배의 질서가 신체의 가장 내밀한 곳에까지 지속적으로 새겨 놓은, 버지니아 울프가 말한 '지배의 최면적 힘'의 결과일 수도 있는 것이다.

모든 원강아미들이 칼로 무를 자르듯, 명석한 관점을 가지고 그 순종을 혐오하고 머리띠를 둘러 자신을 찾아야 한다는 의미만은 아니다. 오래도록 구축된 남성지배의 폭력을 개인의 의식과 의지로 어느 날 갑자기 물리칠 수는 없다. 다만 자신이 지금 어떤 위치에 있다는 것을 안다는 것, 자신의 행동이 개인적인 의미를 넘어 사회적인 의미를 가질 수 있음을 인식한다는 것은 중요하다.

상대가 나를 그다지 소중하게 생각하지 않는데 그 상대를 위해 죽음까지도 불사한다는 것은 현명치 못한 것일 수 있다. 꼭 준 만큼 받아야겠다는 각박한 마음에서가 아니라 일방적인 것이 가지고 있는 폭력적 속성 때문이다.

최근 여성적 가치가 일어서고 있는 대신 남성적인 가치들과 형태들은 위기를 맞고 있다. 객관, 지성, 논리, 엄격함, 과단함들은 다양한 형태의 종잡을 수 없는 심리적인 결정들을 예견할 수도 설명할 수도 없었다. 이에 따라 주관, 감성, 섬세함, 여림 등과 같은 여성적 가치들이 부각되면서 그것을 통한 새로운 세계이해의 방법들이 생기고 있는 것이다. 사실 남성원칙만으로 이루어진 세상의 질서가 그 모순과 실패를 드러내는 것은 당연한 귀결이기도 하다.

푸코의 말처럼 누구도 지배체제의 언술행위에서 완전히 자유로울 수 없다면 결국 우리가 할 수 있는 일이란 지배체제의 내부에서 지배체제를 해체시키는 것이다. 여성만의 영역을 구축해서 지배문화를 전복시키려는 것보다 여성 가치의 전통을 연구하고 그 가치를 평가하여 남성 가치와 동등한 위치로 끌어올리는 것이 가장 좋은 전술일 수도 있다. 이런 점에서 여성의 특성과 이점을 유연하고 혁신적으로 인정하고, 여성적 차이의 중요성을 강조하는 것은 무엇보다 필요한 일일지도 모른다. 그럼에도 불구하고 간과하지 말아야 할 것은 이렇게 여성적 가치를 운운하고 있는 사실 자체가 막강하고 절대적이며 불변하는 남성지배를 다시금 말해주는 것이기도 하다는 점이다

원강아미 여성

원강아미 여성은 대개 본질적으로 내성적인 여성으로서 고독해도 외롭다고 느끼지 않고 힘들어도 잘 참는다. 이 여성은 상대하기 쉬운 여성들이다. 이들은 고집부리지 않고 힘들게 하지 않으며 홀로 있을 때에도 만족하며 잘 지낸다. 정확히는 자신만의 욕구를 주장하지 않는다. 남의 눈에 띄지 않으려고 하며 순응적이다. 자기 감정을 우선시하기보다는 남을 배려하는 경우가 많고 동정심이 강하다. 상대에게 최선을 다해 잘 해보려 하는 것이 그녀의 진심이다. 따라서 이 여성은 독특한 개성을 형성하지 않으며 늘 편안함을 주는 경우가 많다. 늘 부지런하게 움직이는 수고를 감당하는 만큼 마음도 여릴 것이다.

여성들은 본래 타자지향적, 관계지향적 본능을 가지고 있다고 한다. 앞서의 자청비나 가믄장아기 또는 백주또 유형의 여성들 역시도 관계지향적 특성을 보여주고 있기는 하다. 그러나 그녀들은 그녀에게 주어진 관계를 자신의 전부로 생각하지는 않는다. 그녀들은 관계를 중시하고 있으면서도 아주 자립적이고 독자적인 주체성 역시 가지고 있었다.

원강아미형 여성은 의존적이고 관계 속에 소속되기를 바라는 본성이 강한 여성들이다. 그녀는 자신이 처한 상황과 기존의 가치들에 순응한다. 남성과의 관계에서 그녀들은 자신을 상대의 뜻에 맞추고 싶어하고 그의 눈에 들기 위해 자신을 치장하고 그를 즐겁게 하고 싶어한다. 나를 위하여 어떠한 삶을 살아야 할 것인지는 별로 생각하지 않는다. 개체적이고 독립적인 자아를 개발시켜 가기보다는 그녀의 대상이 그녀에게 기대하는 대로 맞추는 형이다.

외롭거나 힘들어서 또는 본능적인 욕구가 결핍되어서 관계의 개선이나 파기를 요구한다는 것은 그녀들에게는 가당치 않은 일이다. 원강아미들은 상대가 꼭 그렇게 요구하지 않는데도 잘 참고 희생한다. 이 원강아미 여성들은 아내나 어머니의 자리를 지킴으로써 행복감을 느끼지만 그 자리가 위협받게 될지라도 참아낸다. 어찌 보면 자신이 원하고 추구하는 것, 꼭 해내야 하는 것이 있기보다는 상대가, 또는 사회의 질서가 요구하는 것을 마땅히 받아들이는 태도가 그녀의 내부에 각인되어 있는 것 같다. 남편이 어찌되었건 정절을 지켜야 한다거나, 자식을 위해서는 그 어떤 것도 감수해야 한다거나, 암탉이 울면 집안이 망한다거나 하는 그런 일방적인 규칙들이 내면화된, 사회가 암암리에 요구하는 표준여성형으로 말이다.

원강아미 여성은 조용한 성품과 밖으로부터의 아우성들에 흔들리지 않고 언제나 평화롭고 따뜻한 분위기를 만들어 낸다. 동정과 연민, 인내가 어우러진 그녀는 무엇보다도 갈등의 상황들을 조화롭게 만들어 가려는 태도, 아무도 아프게 하지 않을 수 있는 방법에 골몰하는 여성일 수가 많다. 나만 참아버리면 아무 탈 없이 조용히 끝날 수 있다는 생각으로 그녀는 어떤 괴로움도 인내하는 것이다.

그녀의 이런 태도는 미온적이고 모든 것에 대한 지나친 포용으로 나타나 모든 현실에 순순히 순응만 하는 여성으로 비치기 쉽다. 그러나 어떤 사람이 우유부단하다 할 때, 그 우유부단함은 결정을 내려야 할 핵심을 모르는 것이 아니라 사물, 인간관계에 무리가 없게 하려는 착하고 여린 마음 때문에 나오는 것이기도 하다. 사실 이런 경우 너무나 인간적인 태도임에도 불구하고 남성지배의 사회를 만들어온 데 기여를 함으로써 도태되어야 할 태도들로 평가받을 수 있다.

그녀들은 가사노동이란 것이 '진정한 남자'에게 어울리지 않고 또는 그를 의기소침하게 만들어 버릴 수 있지 않을까 생각하는 '누적된' 마음으로 부엌에 들어 온 그를 떠밀어내며 그 소모적인 일들을 자신만의 몫으로 삼는다. 궂은 일은 항상 자신의 몫이다.

지속적인 모성애는 원강아미 여성의 중요한 특성이다. 전통적인 여인이라 인정받는 이 여성들은 보통 자녀를 최고의 보람으로 여긴다. 이러한 특성을 가진 어머니들은 자식들의 안녕이 관계될 때 포기하는 법이 없다. 그들에 대한 참을성과 끈기, 몰두 등은 남편과 자녀들을 그녀에게 단단히 묶이게 하는 요소가 되기도 한다.

원강이미 원형이 강한 여성은 전통적인 훌륭한 어머니가 되기를 갈망한다. 일단 어머니가 되면 어머니 역할에 대단히 만족해하며 이 목표가 그녀의 일생을 지배한다. 그런 경향이 있는 원강아미 어머니는 뭔가 좋지 못한 일이 자식에게 생길 것이라는 불안한 생각에 늘 전전긍긍한다. 자식에게 좋지 않은 일이 일어났을 때 그녀는 심지어 그녀의 책임이라고까지 생각한다. 그녀는 자신이 자식을 둘러싼 모든 것을 알아야 하고 앞으로 일어날 일까지 내다보면서 자식을 고통으로부터 보호해야 된다고 생각한다. 이 때문에 과잉보호를 하기 쉽고 극성스러운 어머니로 비칠 때도 많다.

대다수의 원강아미 여성에게 노년 생활은 만족스럽다. 그녀에 의하여 모자람이 없이 자라온 자녀들은 이 어머니에게 늘 감사하며, 어머니로 인하여 다분히 의존적인 성격을 획득하게 된 자녀들은 나이가 들어서도 어머니를 찾아와 어머니의 필요를 확인시켜 준다. 그녀의 자식을 위한 인내, 희생과 봉사는 자식과 남편뿐 아니라 다른 사람에게서도 높은 평가를 받는다.

누군가 자신의 도움을 필요로 할 때 그녀는 거절하지 못한다. 열성적인 원강아미 여성은 누군가 자신을 필요로 할 때 오히려 안심한다.

그녀는 부당하게 많은 업무를 맡아 시달릴 수 있다. 그녀는 이미 형성된 인간관계나 사물과의 관계에 어떤 파장도 만들지 않으려고 한다. 언제나 큰 파장이 생기지 않도록 우려하는 그녀들은 지나치게 다방면에 대한 근심을 하기 때문에 많은 수고를 하게 된다. 이런 많은 수고는 근면성과 인내로 나타나 좋은 결과로 이어지기도 하고, 오래 이런 과정을 보내면서 그녀는 착한 애인, 아내, 어머니, 동료가 될 수 있다.

우리나라의 빛나는 성장은 하급의 급료를 주고 산업의 역군이라 부추기며 원강아미 여성들을 고무시키고, 그녀의 코피를 얻어 낸 결과이기도 하다. 아무리 피곤하더라도 일단 그녀는 자신의 중요성과 필요에 만족해하면서 그것을 기쁘게 한다.

가족, 남편, 자식, 직장, 친구, 써클, 나아가 지역사회, 국가와 맺은 관계를 중시하는 그녀는 그녀와 만나는 모든 사람에게 잘 베풀고 잘 참는다. 그녀는 남편과 자식에게 없어서는 안 될 존재이며, 직장에서는 얼굴 찡그리지 않은 채 맡은 임무를 최선을 다해 처리하는 동료이다. 바쁜 시간을 자주 틈내어 친구들을 찾고 전화를 걸고 얘기를 잘 들어준다. 재정적으로 쪼들리는 써클의 동료를 늘 걱정하며 지원을 아끼지 않고 손수 만든 정성스런 간식으로 써클의 결속을 위해 분발하기도 한다. 허리를 굽히고 이리저리로 엉켜있는 쓰레기를 분리수거하는 것도 그녀들이다. 물론 쓰레기를 함부로 버리지도 않으며 세금도 꼬박꼬박 내고 품질이 나빠도 국산품을 애용하려 할 것이다. 이것은 그녀와 관계를 맺고 있는 모든 것에 대한 집중이고 기쁨이며 그녀의 확신이기도 하다.

이런 그녀는 다른 사람들에게 안정적인 도움과 행복감을 느끼게 한다. 어떤 경우에라도 그녀는 그 자리에 서 있다. 그녀는 어머니로서, 아내로서, 직장의 한 직원으로서 거의 절대적이다. 하찮은 일을 하건 비면 빈 자리만큼의 공간을 느끼도록 하는 것이 이 여성이 가지는 존재 양식이다.

남성들의 권위는 힘이었다. 여러 여자를 거느리고 있거나, 돈이 많거나, 여러 수단을 소유하고 있거나, 권투시합에서 한 펀치를 날리는 물질적이고 육체적인 힘이었다. 반면 여성들의 권위는 영향력일 수 있다. 이것은 외부적으로 꼭 나타나는 것은 아니지만 '관계' 속에서 큰 권위를 확보하고 있을 소지가 많다. 늘 기억하게 하고 늘 머리 속을 배회하는 카리스마를 원강아미는 가지게 될 여지가 많다.

이런 원강아미 여성의 정신과 그에 이어지는 긍정적 결과들은 가족과 사회, 국가, 기업의 경영전략에 영감을 줄 수 있다. 원강아미의 사랑을 바탕으로 하는 지극한 노력들은 그녀를 쉽게 배반할 수 없게 하고 미워할 수 없는 대상으로 영원히 남게 한다. 따라서 원강아미의 정신성을 받아들이고 전략화시키는 것은 가족, 사회, 국가, 기업에 아주 좋은 전략이 될 수 있는 것이다. 양보와 대화가 필요한 정치권에서, 성과나 조직적인 계열화보다 희생적이고 감성을 가진 따스한 인간을 요구하는 기업에서 원강아미들은 필요하다. 학교교육에서의 원강아미들은 같은 반 친구를 왕따로 내몰지 않을 것이다.

모든 관계는 중요하다. 이 '관계'에 자신을 맞추고 사는 원강아미 여성들은 '우리'를 유지시킨다. 남편에 대한 정절을 지키기 위해 죽음을 불사하는 아내는 가치롭다. 자식을 위해 희생과 수난을 감수하는 어머니는 위대하다. 성모 마리아가 모든 고통 속에서 신과 함께 하고 있는 인본주의의 찬양 그 자체일 수 있듯이 원강아미 어머니는 모든 고통 속에서도 자식과 함께 하는 모성에 대한 찬양일 수 있다. 원강아미 아내 역시 모든 희생 속에서도 남편과 같이 하는 사랑에 대한 찬양일 수 있다.

관계지향적인 원강아미 여성이 가지는 특성은 나쁜 의도를 가진 계획에, 반사회적인 인물에, 심지어는 가까운 남편에게까지 이용당하기도 한다는 점이다. 이럴 때 그녀의 긍정성은 의도와 상관없이 부정적인 것이 되어버린다. 뿐만 아니라 그녀 자신 역시 크나큰 상실로 고통받는다. 한편 그런 일이 없더라도 오랜 시간이 지나면 그녀는 이런 자신을 주체적으로 살지 못하고 항상 누군가에, 무엇에 통제당한다고 불만을 가지게 되거나 우울증에 빠질 수도 있다.

원강아미 여성의 가장 큰 문제는 정의가 아닌 곳으로 그녀의 긍정성이 이용될 수 있다는 점이다. 경구피임약으로도 없애지 못하는 모성적 자질로 희생과 수난을 감내하며 그녀가 지켜온 '우리'는 위선적이며, 악을 숨기는 온상이 될 수도 있다. 가족 이기주의와 배타주의의 자양분이 될 수도 있다. 조화롭고 안온하며 희생을 감수하는 그녀의 의도와는 상관없이, 그녀는 가부장적 질서를 강화하고 남성지배가 가지는 폐해를 은폐시키는 가장 강력한 기제가 될 수 있다. 더욱 폭력적이고, 끊임없이 폭력적일 수 있도록 폭력들은 원강아미의 이런 자세에 박수를 치며 즐긴다. 폭력은 그런 특성을 내포하는 것이므로 폭력인 것이다.

우리는 남성적인 가치들에 의해 지배되었던 세상만을 알아 왔고 그런 세상에 충분히 길들여져 있다. 원강아미의 가치들이 칭송받는 측면이 있다면 그것은 기본적 배양토가 되었던 남성적 가치의 세계 내에서 배태된 것, 그래서 결국은 칭송받아 더욱 고양되는 원강아미들에 의해서, 우리가 거부해야 할 그 남성지배가 더욱 활개를 치고 있는 것이 아닌가 하는 생각을 해 보아야 한다.

가부장적 질서를 전복할 수는 없을지라도 이런 종류의 실망스럽고 유아적인 승리감과 질서에 대해 신선한 환기를 줄 수 있는 것, 그 지배로 덕을 볼 수 있는 한편으로 지배자 자신들에게 강요되는 언행들이 얼마나 실망스럽고 유아적인 것인지를 알게 하는 것이 원강아미들이 가지는 가장 큰 가치로움이고 꼭 이루어져야 할 힘이다.

개인이건 사회이건 상대에 관계없이 자신만 선하면 된다는 생각은 비교적 정당하지 않다. 자신의 선함과 긍정성은 그에 부응하는 긍정적인 방향으로 확산될 때 힘을 얻는다. 부정적으로 이용될 때 그녀는 그녀의 행동을 재구성해보는 노력을 해야 한다. 이를 포기했을 때 원강아미는 그녀의 훌륭한 여성적인 것에 대한 비호의적인 편견을 끊임없이 인내하면서, 그녀의 감내가 아주 하찮은 것이 되어버리는 자기소외와 비하의 악순환에 몸을 맡길 수밖에 없다. 착하기만 한 것은 '관계'속에서는 게으른 것일 수 있다.

세상을 조화롭게 했던 그녀는 이제 현명하게 세상과 자신의 진실을 바라볼 줄 앎으로써, 자신 역시도 '사고'의 그물망 안에 둠으로써 그녀가 가진 긍정적인 여성성의 진실을 힘있게 펼칠 수 있을 것이다.

강림의 큰부인

강림의큰부인
이타적인 포용력과 계산된 순종 사이에

강림의큰부인신화

 옛날 동경국 버무왕에게 아들 일곱 형제가 있었다. 위로 네 형제는 사주 팔자가 좋아 장가들어 잘 살고, 아래 세 형제는 장가를 들지 못했다. 동개남절 대사가 임종 전에 아래 삼형제의 정명이 15세임을 알려 준다. 삼형제는 명과 복을 이으려고 동개남은중절로 올라갔다. 삼년 불공이 끝나는 날 삼형제는 부모님을 만나기 위하여 절을 떠나는데, 배가 고파 과양생이처의 집에 들렀다. 과양생의처는 삼형제의 비싼 물건들이 탐이나 거짓으로 대접하고 술 취한 삼형제를 죽이고 연못에 수장을 해 버렸다.
 어느날 과양생의처는 가지고 놀던 삼색구슬을 삼켰는데 그 후 태기가 있어 하루에 세 아이가 태어났다. 과양생의 아들들은 자라면서 머리가 영특했다. 열 다섯 나는 해에 삼형제는 과거에 장원급제하였다. 과양생의 처는 동헌 마당에 과거 기가 떠 있는 것을 보고 자신의 아들인 줄도 모르고 "저기 과거하고 오는 놈은 내 앞에서 모가지가 세 도막에 부러져 죽어버려라." 하고 부러움에 저주를 하였다. 삼형제는 한 날 한 시에 죽어 버렸다.

과양생의처는 고을의 김치 원님에게 이 억울함을 풀어주라는 소지를 계속 올렸다. 과양생의처는 강림이가 문안에 아홉 각시, 문 밖에도 아홉 각시, 모두 열여덟 각시를 거느려 사는 똑똑하고 영리한 관장이라 하면서 이 똑똑한 강림이로 하여금 염라대왕을 잡아다가 자신의 억울한 사연을 풀어주라 하였다.

계속 과양생이처의 소지가 쌓여가자 무슨 일이든 해야겠다고 생각한 원님은 강림을 잡아들여 저승 염라대왕을 잡아올 테냐 그렇지 않으면 죽을 테냐 다그쳤다. 결국 저승에 가서 염라대왕을 잡아오겠다는 다짐을 강림에게 받아 냈다.

강림은 염라대왕을 잡아오겠다 약속을 한 뒤 첩들을 찾아다니며 도움을 청했으나 첩들은 모두 홱 돌아서 버렸다. 강림은 결국 남문 바깥에 사는 큰부인을 찾아갔다. 큰부인은 결혼 후 얼굴 한번 비치지 않던 남편이 섭섭하긴 하였으나 박대할 수는 없어 밥상을 차려 들어가 보니 강림의 눈물은 한강수가 되어 있었다.

"이게 어떤 일입니까? 죽을 일인지 살 일인지 한마디만 일러주십시오."

따뜻한 큰부인의 말에 그제야 강림은 자초지종을 얘기하며 과연 내가 염라대왕을 잡아올 수 있겠느냐며 다시 울음을 터뜨렸다.

"설운 낭군님아, 그만한 일로 탄식을 합니까? 걱정말고 진지나 드십시오."

그 말에 웃으며 강림은 밥상을 받았다.

큰부인은 그날부터 나주영산 은옥미를 방아에 놓아 얼음같이 찧어 놓고 가루를 빻아 시루떡을 쪘다. 제사를 올리기 위한 정성이다.

강림은 정성스런 큰부인의 도움으로 저승 일흔 여덟 갈림길을 지나 결국 염라대왕을 잡는다. 강림에게 결박당한 염라대왕은 강림에게, 먼저 이승에 가 있으면 모레 사오시에 동헌 마당으로 내려가겠다고 사정을 하였다.

염라대왕의 약속을 받아내고, 강림이 이승에 내렸을 때는 캄캄한 밤이었다. 불빛을 따라가니 집이 한 채 있었다.

"지나가는 사람인데, 하룻밤만 머물러 가게 해 주십시오."

"오늘밤은 우리 집에 손님을 재울 수 없습니다. 우리 집 낭군님인 강림이 저승 가서 삼 년 첫 제사가 됩니다."

큰부인은 강림이 온 것도 모르고 그렇게 대답했다.

날이 밝자 강림은 부모님과 친족들에게 인사를 갔다.

"아버님, 제가 없으니 어떤 생각이 납디까?"

"설운 아기 없어지니 마디마디 생각나더라."

"어머님, 제가 없으니 어떤 생각이 납디까?"

"설운 아기 없으니 먹먹하여지더라. 길을 걷다가도 자주자주 생각나더라."

"설운 형님들, 제가 없으니 어떤 생각이 납디까?"

"열두 달까지 생각나다가, 차차 잊혀지더구나."

"먼 친족, 가까운 친족은 어찌 생각되옵디까?"

"설운 친족 없어지니 큰 일 때만 생각납디다."

강림은 모두 돌며 물어보고서 행복하게 웃으며 지냈던 열여덟의 첩들에게 물었다.

"열여덟 호첩들은 내 없으니 어찌 생각되더냐?"

"길을 걷다가도 미끈하게 생긴 놈만 보면 언뜩언뜩 생각납디다."
"큰부인은 내 없으니 어떤 생각나더냐?"
"설운 남인님 없으니 인간의 정의를 생각하는 게 소기 대기를 다 넘기고 첫 제사까지 지내고 보니, 설운 남인님이 오셨습니다."

그날 밤 강림은 오랜만에 큰부인과 사랑을 나누었다. 이튿날은 뒷집 김서방이, 강림의큰부인에게 남편 첫 제사를 넘기면 개가하겠다는 허락을 받았던 차라, 내려 왔다가 강림이 살아 있는 것을 보고 원님에게 고발하였다.

"강림은 저승에 가서 염라대왕을 잡아오겠다고 해 놓고, 낮에는 병풍 뒤에 숨어살고 밤이면 병풍 밖에 나와 부부살림합니다."

강림은 원님에게 잡혀갔다. 강림의 등에는 염라대왕이 모레 사오시巳午時에 온다고 쓰여 있었다.

마침내 천지가 진동하는 소리와 함께 염라대왕이 왔다. 김치 원님은 동헌의 공주控柱 기둥 뒤에 숨어 버렸다.

"이승왕님아, 어떤 일로 나를 청하였습니까?"
저승왕, 염라대왕이 물었다.
"과양 땅에 사는 과양생이 아들 삼형제가 한 날 한 시에 낳고, 그 아들들이 한 날 한 시에 과거하고, 또 한 날 한 시에 죽은 소지를 해결하고자 염라대왕을 청하였습니다."

이스왕, 원님이 대답하자 염라대왕은 과양생이 부부를 불러다 아들들 매장한 곳을 파 보았다. 무덤에는 아무 것도 없었다. 염라대왕은 연화못으로 갔다. 금부처로 세 번을 때리니 물이 마르고 밑바닥에는 버무왕의 아들 삼형제의 뼈가 남아 있었다. 뼈들을 모아 금부처로 세 번 치니 삼형제가 살아났다.

염라왕은 삼형제에게 부모님을 찾아가라 하고 과양생이 부부는 사지를 아홉 조각으로 찢어 죽였다. 찢어 죽이다 남은 몸은 방아에 넣어 빻아서 바람에 날려 버리니 각다귀·모기가 되어 날아갔다. 과양생이 부부는 죽어서도 모기가 되어 피를 빨아 먹으려고 달려드는 것이다.

염라대왕은 똑똑한 강림을 저승으로 데려가려 하였다. 물론 이승왕 김치 원님은 반대하였다. 결국 염라대왕과 원님은 강림을 반반씩 나누어 가지기로 하였다.

"육신을 가지겠습니까, 정혼을 가지겠습니까?"

저승의 염라대왕이 물었다.

"그야 육신을 가지고 말고요."

이승의 원님이 대답하였다.

염라대왕은 강림의 혼을 뽑아 저승으로 가져가 버렸다. 강림은 거품을 물고 죽어 가고 있었다. 큰부인이 달려들어 억울한 김에 원님을 마구 쥐어뜯다 보니 원님도 죽어 갔다. 그래서 사람 죽이는 데에 대살법(代殺法)이 생긴 것이다.

강림의큰부인은 강림의 시체를 염습·성복·일포제·동관을 하고, 좋은 땅에 감장하고, 초우·재우·삼우제를 지내고, 초하루·보름 삭망제를 지내고, 소기·대기를 지내어도 섭섭함이 남아, 잊어버리지 않으려고 삼명절·기일제사법을 마련했다.

강림은 염라대왕의 사자로 일을 하게 되었다. 염라대왕은 강림에게 이승에 가서 여자는 칠십, 남자는 팔십이 되거든 저승으로 데려오라고 하였다.

강림은 적패지(赤牌旨)를 등에 지고 이승으로 오다가 도중에 까마귀를 만나자 까마귀에게 자기 대신 이승에 가서 적패지를 붙여오라고 시켰다.

까마귀는 이승으로 가다가 밭에서 말을 잡는 것을 보고 말 죽은 밭에 들어가 말 피라도 얻어먹으려다 그만 적패지를 떨어뜨렸다. 마침 담구멍에 있는 뱀이 적패지를 호로록 삼키고 들어가 버렸다. 그래서 뱀은 죽는 법이 없이 아홉 번 죽었다가도 열 번 살아나는 법이다.

적패지를 잃어버린 까마귀는 이승에 날아와서 되는 대로 외쳐 댔다.

"아이 갈 때 어른 가십시오, 까옥"

"어른 갈 때 아이 가십시오, 까옥"

"부모 갈 때 자식 가십시오, 까옥"

"자식 갈 때 부모 가십시오, 까옥"

"자손 갈 때 조상 가십시오, 까옥"

"조상 갈 때 자손 가십시오, 까옥"

까마귀가 되는 대로 전달하는 바람에 사람들은 어른·아이 할 것 없이 순서도 바뀌며 자꾸 죽어 갔다. 염라대왕은 강림에게 동방삭을 잡아오도록 명령하였다. 강림은 날쌔게 달려들어 동방삭을 밧줄로 묶고 염라대왕에게 바쳤다. 염라대왕은 기뻐하며, 강림을 사람을 잡아가는 인간차사로 삼았다.

강림의큰부인 원형

열여덟 중의 첫째 부인

강림의큰부인은 제주의 저승사자신화 〈차사본풀이〉의 저승사자, 강림의 큰부인이다.

강림은 문밖에도 아홉, 문안에도 아홉의 처를 거느리고 산다. 강림의큰부인은 이 열여덟 중의 첫째 부인이다. 이 한 문장이야말로 가정이라는 곳이 남성지배가 여지없이 가장 가시적으로 표출되는 장소이면서, 드러나 있든 감추어져 있든 공식적이든 비공식적이든지 간에 가정이라는 공간의 외부, 문밖 역시도 그런 장소가 되고 있다는 것을 말해주고 있다.

강림에게 염라대왕을 잡아오지 못하면 죽어야 할 위기가 닥치자 열여덟 첩들은 모두 모른 척하지만 강림의큰부인은 진지상을 올리고 나주영산 은옥미로 시루떡을 만들어 정성축원을 하고 채비를 해주었고 그가 죽자 삼년상에 제일祭日까지 마련하여 도리를 다하는 여신이다.

생물학적인 남자가 요구하는 대로의 몫을 할당해주고 있는 것에 강림의 큰부인 뿐만 아니라 전체의 사회구조가 인정하고 있는 것이다. 이런 남성지배의 힘은 그것의 정당화를 필요로 하지 않는다. 남성중심적인 관점은 마치 중립적인 것처럼 강요되며 그것을 합법화시킬 어떤 필요도 없음을 강림은 보여주고 있는 것이다.

강림의큰부인 원형은 큰부인 형이다. 그녀는 자리에 대해 아옹다옹 신경전을 벌이지 않는다. 그 자리가 확고부동해야 한다는 것에 갈등의 여지가 없다. 그렇다고 하여 위풍당당한 것도 아니다. 어쩌면 그녀는 너무나 인간적인 도리를 좇고 있거나 지배논리 또는 무서운 '관례'를 좇는 것일 뿐이다. 그 지배논리와 관례 안에 안주했다는 점에서 양처일 수 있었던 것이다.

어떤 상황에도 상관없이 그녀의 자리를 지키려면 겸손, 포용과 인내의 미덕과 자신의 개성이나 이미지의 부재가 필요했을지도 모른다. 한없이 무시하고 열여덟 호첩들과 놀아나다가 집에 돌아와서는 핀잔이나 주고, 어쩌면 이따금 손찌검까지 했을 테지만 거기에 반항한다거나 자신의 억울함을 하소연하지도 않는다. 그녀는 어떤 의욕도 없이 주어진 운명을 그대로 감수한다. 그녀가 그렇게 지키고 있는 큰부인이라는 관계와 그 지위의 본질이 되는 사랑에 대해서도, 인생사에 대해서도 별반 의견이 없다. 아무런 요구도 없이 일만 해주는 그런 자신이 그 사회에서는 가장 편안했을지도 모른다.

일방적인 상대의 부정과 폭력이 자연스럽게 이루어지고, 개체들의 이미지와 개성이 부재하는 사회는 시간이 지날수록 많은 모순을 노정시키게 된다. 가부장사회를 표상하는 큰부인은 큰부인의 자리를 지키기 위해 점점 더 계산된 순종의 자기모멸의 길을 제도화시키는 결과를 초래하는 것이다.

큰부인은 이름대로 큰부인이라는 형식의 중요성을 가질 뿐이지 실속은 없다. 신화에서도 이 큰부인은 집안의 대소사와 같은 형식적인 일을 모두 담당한다. 그녀는 어지럽게 벌여 놓은 일들을 단정하게 처리하지만 그녀의 수고와 인내는 제 값을 받지 못한다. 남편 강림이 차사가 되는 것은 강림이 열여덟 첩을 거느릴수 있었던 만큼, 그 사회내에서 인정받을 만한 능력이 있기 때문이다. 그러나 큰부인이 옆에서 힘들 때 도와주고 정성껏 채비해주는 일들을 하지 않았다면 강림은 차사가 되지 못했다. 그럼에도 큰부인의 수고와 인내는 큰부인이라는 자리에 당연히 요구되는 것이어서, 사소한 것으로 치부될 뿐이다.

여자는 절대 남편에게 거역하지 않고 어떤 상황에도 행여 부정이나 탈까, 조용히 그리고 정성껏 도움을 주어야 한다는 가부장제 문화가 강림의 큰부인을 탄생시켰다.

지배와 그 지배의 최면적 힘, 폭력과 순종은 아주 친밀한 관계이다. 그 문화 아래에서 큰부인의 자리를 지키기 위해, 계산된 순종을 감내하는 그녀는 더 이상 의미심장하게 받아들여지지 않는다.

계산된 순종

이런 강림의큰부인은 원강아미 원형과 함께 과거에서 현재에 이르기까시 남성시배의 사회에서 요구되는 표순여성형(스테레오 타입)의 원형이다.

강림의큰부인은 조강지처·양처의 원형이다. 원강아미와는 조금 다르다. 원강아미의 경우는 자신의 사회적 욕구(서천꽃밭의 꽃감관이 되는 자신의 일)만을 추구하는 남성들의 행동에 대한 양보와 희생으로서의 조강지처·양처이다. 상대인 남편 사라도령은 바람을 피우거나 원강아미를 구박한 것은 아니다. 다만 그는 원강아미와 일정한 관계를 맺었는데도 이 관계를 무시하고서 가정을 등한시하고 전적으로 자신의 사회적 성취 욕구만을 추구했다. 그러나 강림의큰부인은 남편인 강림이 여러 부인을 거느리고 있고 남편에게 무시를 당해도 늘 큰부인으로서 조용하고 평화롭게 그 자리에 서 있는, 고통과 수난의 조강지처·양처 원형이다.

강림의큰부인과 원강아미 원형은 남성지배의 사회가 요구하는 어머니로서, 아내로서 표준여성형의 원형들이라 볼 수 있다. 남성지배라는 불합리하고 폭력적인 요소가 없다면 사실 이 여성 원형들은 배려와 양보를 가장 잘 실천하며 살아가는 훌륭한 시민성일 수 있다.

열여덟 첩을 거느리고 실컷 놀아나다가 이제는 돌아와 조강지처 앞에 선, 미안해지고 힘 없어진 남편이 더 이상 고통과 수난을 주지 않을 때쯤 되면 강림의큰부인 원형은 인생의 다양한 굽이를 살아온 연륜이 내세워지며 사회를 넉넉하게 껴안는 분위기로 남을 수도 있다.

사회는 남편이나 자식을 위해 끊임없이 자신을 희생하는 원강아미들에게 양처와 모성의 표창을 내리듯, 끊임없이 무시당하면서도 묵묵히 감내해 온 이 강림의큰부인에게도 조강지처의 표창을 내릴 것이다.

말할 것도 없이 이 표창은 가부장제의 명찰이다. 그래서 제주신화에서 특히 강림의큰부인류의 조강지처 원형에 속하는 여신들은 거의 자신 고유의 이름을 갖지 못하고 있다. 강림의큰부인, 사만이의처, 여산부인 들이 그들이다. 개체가 가지는 존귀함이 그녀들에게는 없다. 그녀들은 남성들의 폭력에 끊임없이 노출되어 있다. 그녀들은 우리의 전통적인 여인들처럼 사실 그 모든 성취들의 바탕이 되는데도 불구하고 이름도 없이 배경처럼 머물러 있는 여성들이다.

무명의 강림의큰부인은 이 신화에 같이 등장하는 과양생의처처럼 자신의 사리사욕을 탐하지도 못하고 백주또처럼 자립적이고 강하지도 못하다. 가믄장아기처럼 능력있는 여성으로 주도적인 삶을 살지도 못하고 자청비처럼 자신의 사랑을 찾고 만들어 가는 데 거리낌없지도, 젊지도 못하다. 동시에 궁극적 사랑을 추구하는 자세로 남편과 아들에게 연연하며 원강아미처럼 수난을 당하는 것도 아니다.

포용하고 인내하는 것은 그녀의 가장 큰 특징이다. 상대가 나쁘게 굴어도 기다리며 인내한다. 상대가 악을 행했을 때 백주또는 내쫓았지만 강림의큰부인은 그러지 않는다. 상대에게 사랑 받을 수 있도록 최선을 다하는 원강아미처럼 행동하는 것도 아니다. 나가라고 등을 떠밀면 사정한다. 남편에 대한 그리움과 의무감으로 남편이 들어오기를 애타게 바란 적도 없다. 언제라도 찾아오면 받아주어야 하고, 가버려도 어쩔 수 없는 게 그녀들이다. 호적에만 강림의 처로 건재해 있으면 된다는 자세다.

상대방은, 불쌍한 표정도 짓지 않으며 잘 참고, 어떤 상황에서도 자기 마음대로 해도 괜찮은 그녀가 있다는 것이 늘 믿음직하다. 가끔은 자신의 행동을 반성하기도 하지만 강림은 여전히 큰부인을 하찮게 여길 경우가 많다.

대부분의 강림의큰부인 여성들은, '관계'가 다른 어떤 재고를 요구하거나 심지어 부정적일지라도 게속 그 관계를 유지시키는 점이 자청비나 가믄장아기, 백주또 유형들과 다른 점일 것이다. 가장 큰 차이는 관계 자체를 수단으로 생각하는지 목적으로 생각하는지에서 온다. 자청비, 가믄장아기, 백주또는 관계 자체가 자신이 존재하는 또는 기득적인 지위를 가지게 하는 수단이 되지 않는다. 그녀들은 관계라는 맺어진 상황에서 바람직한 상대성을 구축하려고 늘 노력하였다. 자청비는 문도령과의 관계, 즉 남편과 아내라는 관계보다는 늘 사랑이라는 것의 본질을 좇으려 노력하였고 결국 그녀의 사랑은 남편을 공유하는 혁신적인 모습으로까지 이어진다. 가믄장아기는 부모와 자식이라는 관계에 일방적으로 주어진 지배 논리의 효보다는 진정한 인간 심성으로서의 효를 지향하였다. 또한 자식이지만 여성으로서의 독립적인 인간 개체를 추구하였다. 백주또 역시 자신의 남편이라는 개인적 관계보다는 공동체의 도리와 사회경제적 정의를 중요시했다.

이들은 어머니에게, 아내에게 또는 여성에게 주어지는 기득권 혹은 기득적 질서에 연연하기보다는 인간적인 원칙-사랑, 거부해야 할 기존의 관념들, 비도덕적인 상대의 행동-을 관계의 기준으로 삼고 다양하게 관계 속의 자신을 구성해 나갔다. 관계가 주는 '소속'을 거부한 것은 아니었지만 관계라는 것이 이미 상대적인 개념인 만큼 상황변화에 따라 그녀들은 그 관계를 개선하거나 파기했다. 좀더 인간적인 삶과 사랑을 생각하게 되면서, 아버지에게 딸이기 이전에 여성개체로 자신을 인정시키고 싶어서, 사회의 정의를 어기는 남편과 마주치면서, 그들에게 관계는 고착된 것이 아닌 늘 변화하는 것이 된다.

자신이 맺고 있는 친밀한 관계에서 빠져나온다는 것은 어려움이고 불안이며 혼란인데도 자청비나 가믄장아기, 백주또는 그런 불안과 혼란을 감수하고 더 큰 지향점을 향하여 발을 내딛는다.

그러나 강림의큰부인 원형이 가장 중요하게 생각하는 것은 주어진 관계의 유지만을 위한 인내이다. 맺어진 관계는 파기할 수 없다고 생각하기 때문에 상대가 행하는 관계부정의 행동에 대해서도 인내한다. 열여덟 호첩들을 얻어도 상관없다. 이런 인내가 언제나 그녀를 큰부인이라는 자리에 있게 해준다. 관계만 잘 유지할 수 있다면 주변에 대하여 자신을 주장하지 않는다. 상대방의 일방적인 행동이나 음모에 대해서 그에 따르는 적당한 대응을 하지 못한다. 버티고 앉아 고통과 수난을 감내하고만 있는 모습은 답답하다.

익명의, 가장 든든한 배경

이런 강림의큰부인 원형은 타인의 시선을 위해, 그 필요에 항상 대기하고 있는 대상으로 존재한다. 세상의 지배논리는 남편을 존경하고 따르며 부지런히 방해물들을 청소해 주고 게다가 나서지 않기를 기대한다. 강림의큰부인은 그런 지배논리, 즉 강림의 가장 든든한 지지자로, 익명의 상태를 유지하면서 언제나 든든한 배경으로 서있는 것이다.

이는 원강아미처럼 이 세상의 권력을 구성하는 것을 인지하고, 공적으로 인정하고 파악하는 의식이 없기 때문이기도 하다. 여성 주체의 의식적이고 자유로운 해방된 지적 행위들과는 달리 강림의큰부인의 무조건적 순종은 그 자체로 남성지배의 결과이기도 하며 권력을 유지시키는 하나의 요소가 될 수 있다. 원강아미와 함께 강림의큰부인이 대표하는 이런 여성성이란 것은 남성이 기대에 부응하는, 교태와 아양 이상의 아무 것도 아닐 수 있는 것이다.

이런 강림의큰부인 원형은 인간적 여성 원형이기도 하다. 인간이 가지는 많은 감정 중 가장 인간적인 감정은 동정과 연민일 수 있다. 강림의큰부인의 행동은 큰부인이라는 자리를 지키기 위한 계산된 순종일 수 있지만 다른 한편으로 자제심, 연민, 동정심을 지닌 그리고 무엇보다도 갈등의 상황들을 자신만 참아버리면 모두 무리하지 않게 풀어낼 수 있다는 생각이 그녀의 깊은 내부에 자리잡고 있는 까닭이기도 하다.

열여덟이나 되는 첩을 두고 쾌락을 좇다가 위기의 순간이 되어서야 자신을 찾아 와서 하소연하고 있는 강림을 그녀는 내쫓지 못하고 정성껏 대우한다. 그를 사랑해서라기보다는 또한 그와의 관계에 꼭 연연해서라기보다는 그냥 그런 그가 불쌍하고 안돼 보이기 때문이다. 이것은 자신에게 행했던 나쁜 짓을 금방 잊어버리고 무조건 받아 주는 착한 기질 때문이기도 하다.

이런 점에서 강림의큰부인 원형은 그녀의 사회가 도덕적으로 질서가 잡힌 사회라면 안정적이면서도 강한 힘을 주는 좋은 시민들의 원형이 될 수 있다.

그녀에 의해 다분히 위태위태한 가정이 유지되며 특히 아직 어린 자녀들에게 최소한의 안정감을 주려하는 그녀의 가치는 존중되어야 하는 부분이 있다. 언제나 묵묵하게 가정을 지키고 자신에게 미운 짓을 해도 적당히 받아들이는 아내가 되어 준다는 것도 괜찮은 일일 수 있다. 나이가 들어가면서 상대의 정력도 감퇴되고 돈도 권력도 잃고 세상만사 허망해질수록 강림의 아내들의 발언권은 세어질 수 있다.

그러나 그때라도 큰부인이 과연 행복감을 느낄 수 있을까? 가난하고 힘들어도 살맛나게 하는 것이 '사이'일 것이다. 그러나 단 한번도 같이 가야할 타자로 인식된 적이 없었던 강림의큰부인이 강림과 그런 사이가 될 수 있을지는 의문이다.

한편 대 인간적, 대 사회적인 면에서 볼 때, 그녀 역시 원강아미처럼 정당하지 못한 상황들을 만들어 낼 수 있다. 세상은 많은 여성들에게 이 강림의큰부인 같이 살아야 한다고 암묵적인 명령을 내리고 있다. 그게 지배적 질서의 '틀짜기'다. 기득적인 지위-아내, 어머니, 큰 부인, 여성-에 연연하여 기존의 질서에 계산된 순종을 하는 것은 너무나 자연스러운 일이 되고 있다. 물론 계산된 순종만이라 할 수 없는 다른 한 편의 연민과 희생과 인내로써 사회의 관례를 존중하는 일들의 일부분은 가치롭다. 그러나 그녀의 이 긍정적인 면들이 점점 계산된 순종, 지배의 고착화를 이루어 내면서 자신이 비하되고, 상대방을 더욱 무책임하게 만드는 데 일조하고, 세상의 불평등에 가장 강력한 지지자가 될 수 있음은 경계해야 할 일이다.

강림의큰부인 여성

강림의큰부인 여성은 계산된 순종이라는 스스로의 덜미에 잡혀 아무말도 못하는 답답한 여성일 수 있다. 그러나 그녀는 남편에게도, 심지어 남편과 관계를 맺은 첩들에게도, 친척들에게 따스함을 베푸는 것 같은 자세를 천성으로 가지는 여성일 수 있다.

여신 강림의큰부인이 열여덟이나 되는 첩과 암투를 벌이지 않았듯이 강림의큰부인 여성은 자신을 위험에 빠뜨리는 상대에 대해 똑같이 응수하거나 험담을 늘어놓지 않는다. 반목이나 갈등에 끼거나 진한 열정에 사로잡히는 일도 드물다. 지적인 혹은 정치적인 토론도 하지 않는다. 논쟁이 붙을 때도 가만히 듣기만 한다. 자신의 주장을 하지 않음으로써 결국은 상대를 화나게도 한다. 경쟁에서 앞서기 위해 전술을 짜는 일도 그녀에게는 낯선 일이다. 그녀의 재능은 억울해도 늘 잘 참고 상대방의 이야기를 반박하지 않는 데 있는 듯하다. 끊임없는 인내와 포용이 그녀의 미덕이다.

비슷한 포용성을 가지고 있지만 백주또 여성이 쉽게 접근하기 어려운 상대라면 강림의큰부인 여성은 친숙하게 다가설 수 있게 한다. 백주또의 경우가 잘못을 지적하고서 받아들이는 기개있는 모습이라면, 강림의큰부인은 잘못을 그냥 덮어주는 모습을 보여주기 때문이다.

강림의큰부인은 조강지처라는 전통적인 유형에 가장 잘 어울리는 타입이다. 그녀의 방은 허락받지 않고도 누구나 항상 머물 수 있는 장소가 된다. 잘못을 저지르는 남편을, 남편의 첩을, 자신을 구박하는 시어머니나 무시하는 시누이들을 그녀는 늘 받아들인다. 그들과 경쟁하려 들지도 남편을 닦달하지도 않는다.

남편의 정절을 요구하지 않지만 자신의 정절은 지키며 끼가 있거나 분방하지도 않다. 어떤 상황에서건 그녀의 유일한 목적은 그 자리에 변함없이 있는 그녀 자신을 유지하는 일인 듯 보인다.

그녀의 이런 모습은 오랜 남성지배에 대하여 저항 없이 얻은 체념적인 공범성, 아첨의 결과일 수 있다. 남성지배의 위계화된 사회가 그녀들에게 전하는 눈에 잘 보이지 않는 명령들은 너무나도 명백한 질서유지 명령들과 마찬가지로 자기검열을 거친 계산된 행동들을 하도록 강림의큰부인 여성들을 계속 준비시키는 것이다.

강림의큰부인 아내는 전형적인 아내로서의 안락한 삶을 유지하는 여성, 순종적인 삶에 만족하는 여성일 것이다. 이 여성의 무게중심은 자신에게 주어진 지위와 역할의 수행이다.

남성과 여성의 역할분배는 자연적인 것으로, 그래서 영속적인 것으로 여겨져 왔고 그것은 어느 정도 받아들여야 하는 것이기도 하다. 이 편안한 인식들이 왜곡되는 지점은 그 역할분배가 지극히 이분법적으로 행해져 왔는데다가 지배와 피지배의 구도를 확장시키고 유지시켜주는 전반적 분위기가 되어버린다는 점에 있다.

이 여성은 기본이 되는 중요한 일을 하면서도 부각되지 않는 게 보통이다. 신화에서도 나타나듯 강림이 차사가 되는 데는 모든 것을 채비해 주고 지원해 주는 부인이 없었다면 불가능했다. 그러나 그녀는 성취된 결과에는 소외되어 있다. 그녀의 노동은 당연한 것으로 여겨진다. 그녀의 상황과 기분이 어떤지는 관심의 대상이 되지 않는다.

대표적인 경우가 제사이다. 그녀는 우리문화에서 가장 중요시되면서 복잡한 제사를 일일이 준비했는데도, 그녀가 없으면 불가능했거나 큰 타격을 받을 수 있을지라도, 결국 그녀는 그 모든 제사가 가지는 의미에서 소외된다. 계속 부엌에서 종종거리며 있었는데도 숭늉 준비도 안했느냐며 타박받기 일쑤다. 결국 제사는 알 수 없는 사이에 남성지배를 확고히 하고 여러 서열논리를 강화하는 정치적 기제로 작동한다.

그녀의 집에서 손님을 맞는다면 그녀는 자신이 반갑든 반갑지 않든 간에 정성껏 채비를 한다. 그러면서도 정작 자신은 남편과 손님의 자리에서 물러나 부엌에서 모자란 게 없나 대기 중일 것이다. 아무도 하지 않으려 하는 이 일을 그녀는 당연한 것으로 생각하며 하고 있다.

그렇게 하는 이유는 그것이 모두를 편안하게 하고 자신도 안정되고 편안하기 때문이다. 환멸, 실망, 체념, 좌절을 느끼는 것은 오히려 그녀의 이웃들이다. 그녀의 이웃들은 이런 그녀를 보면서 어차피 깨지지 않을 것이라면, 그녀같이 살아버리는 것이 오히려 현명하다고도 생각하게 된다.

여성들이 집안에서 늘 하는 일상사들은 생산의 부분에서 제외된, 소비 차원에 머무는 것이다. 그 일상과 소비는 사실은 모든 것의 바탕이 되는 것임에도 어떠한 영향력도 갖지 못하는, 대단히 하찮은 것이 되어 왔다. 커다란 결정들은 여전히 남성의 몫이고 그녀는 남성의 몫을 강고히 유지하는 기초가 된다. 그렇게 그녀는 모두들 하기 싫어하는 것, 또는 하찮은 것에 불과한 감정과 일들을 매 시간 감내한다.

강림의큰부인은 어떤 상황이 되어도 잘 참는다. 이것은 계산된 순종의 결과일 수도 있지만 본연의 착한 마음의 결과일 수도 있다. 나쁜 상황인데도 잘 참아낸다는 것은 바람직한 태도로 볼 수도 있다.

그래서 강림의큰부인 처녀는 넉넉하고 자기의 주장이 강하지 않은 아냇감을 찾는 남성에게, 여성은 창녀 아니면 성녀라는 이분법으로 여성을 인식하는 남성에게 매력적인 결혼감 여성으로 다가온다. 이런 유형의 남성은 강림의큰부인 처녀 같은 좋은 여성과 결혼하고, 그녀의 좋은 점을 바보 취급하고 부정적인 것으로 만들어 버린다.

강림의큰부인 여성들은 겸양을 보여주는 원강아미 여성들과 함께 남성 지배의 사회에서 확실히 모델로 삼기에 좋은 여성이다. 곧잘 강림의큰부인은 원강아미 여성과 함께 열녀, 양부, 조강지처로 모범적 모델이 되곤 하였다. 그러나 이렇게 조강지처로 숭앙된다 하더라도 이것은 여성멸시와 똑같은 여성관의 양면이며 현실의 여성들에게 결코 바람직하게 작용하지 않았던 점도 간과할 수 없다.

그녀에게 경쟁적인 일터는 어울리지 않는다. 다만 그녀는 문제를 일으키지 않으면서 고정적인 역할을 무리 없이 잘 해낸다. 경쟁에서 앞서기 위해 전술을 짜는 일은 그녀에게는 낯선 일이다. 모른 척, 모자란 척 고개를 숙이고 자신의 일에 열중하는 게 전술이라면 전술이다.

강림의큰부인 여성들에게 이혼은 생각할 수도 없다. 남편이 부정을 저질렀을 경우 자청비 여성이나 가믄장아기 여성, 백주또 여성들은 남편에게 분노하지만 곧 나름의 원기를 회복할 것이다. 그리고 부정을 저지른 남편을 기다려 줄 수도 있을 것이다. 자기 자신만으로도 서 있을 수 있는 여유가 있기 때문이다. 그러나 강림의큰부인 여성들은 심지어 상대가 자신과의 관계를 거부하고 있을 때에도 관계만은 지속되어야 한다는 생각을 가지고 있는 경우가 많다. 상대가 자신을 사랑하지 않는데도 관계가 지속되길 원하며 상대가 부정적인 관념을 가지고 생활하거나 비도덕적인 행동을 해도 관계를 파기할 의사는 없다. 압박감일 수도 있고 이미 지배문화에 젖어버린 자연스러운 관례일 수도 있지만 무조건 관계는 유지되어야 한다. 남편이 폭력적이어도, 다른 사람을 사랑하는데도, 사회인으로서의 의무를 준수하지 못해도 '관계'는 불변이다. 또 자신에겐 그 관계를 파기할 능력도 용기도 자격도 없다고 생각한다. 관계 자체를 중시하는 강림의큰부인 여성은 자신은 잘못이 없는데도 남편에게 용서를 빌 것이다. 끊임없이 큰부인이라는 자리에서 남편을 기다릴 것이다. 남편이 없는 자신은 생각해보지 않았고 아니 그것보다는 누구 누구의 부인이라는 생각에서 벗어난 적이 없기 때문이다.

아담이 히브리어로 사람을 의미한다고 하니 애당초 여자는 사람의 범주에 속하지 않았던 것처럼, 사실 인간으로서의 강림의큰부인은 없다. 강림의큰부인은 남성의 연장이고, 남자들이 손 안에 쥐고 흔드는 노리개에 불과할 뿐이다.

인간이라면 모두 관계를 중시한다. 그러나 관계의 '형식'을 중요하게 생각하는 경우가 있고 그보다는 관계의 '내용'을 더 중시하는 경우가 있다. 강림의큰부인 여성은 형식을 우선하고 또 절대적으로 여긴다. 형식과 내용이 일치되면 문제될 것이 없지만 불일치할 경우 내용이야 어쨌건 우선은 형식만 유지되길 바란다. 큰부인의 자리만 유지하면 되는 것이다. 그 자리에서 쫓겨나지만 않으면 된다. 그래서 열여덟 호첩들을 강림과 함께 받아들여야 했다.

강림의큰부인 여성은 개인적으로 아내나 어머니의 자리를 지킴으로써 마음의 안정을 얻는다. 자신에 대한 부정적이고 폭력적인 태도도 금방 잊는다. 염라대왕이 강림을 잡아가버리자 이제껏 열여덟 호첩이나 거느리고 생활하던 강림이 새삼 미워져 시원하다는 속 말이 나올만도 한데 강림의큰부인은 강림을 보내버린 원님을 붙잡고 대살까지 하는 것이다.

관계를 깨지 않기 위하여 강림의큰부인 여성은 최선을 다한다. 아무리 기분이 나빠도 참아야 한다. 따라서 고통과 수난은 이미 그녀 속에 내재해 있는 것이다.

강림의큰부인 어머니는 아이들을 따스하게 보살펴 주고 그들에게 무리한 요구를 하지 않으나 이들이 사회생활에서 커다란 결심을 할 때에 큰 도움을 주지는 못할 것이다. 오랜 세월을 강림의큰부인 여성으로 안정만을 추구하고 살아오면서 그녀는 독특한 개성이나 자신의 생각을 잃어버리고, 그녀만의 고유한 색깔이 있는 문제 해결의 방안, 창조적인 해석과 행동을 못 해왔기 때문이다.

그러나 그녀는 세상의 좋은 안내자나 문제해결의 행운을 가져다주지는 못할지라도 상심에 빠진 친구에게 위로를 주고 따뜻한 둥지를 마련해 줄 수 있다. 어쩌면 그녀는 궨당(권당眷黨)같은 사람이다.

(제주어로 집안 대소사 때에 서로 돌아보는 친지나 씨족관계를 '궨당'이라 하는데, 제주사람들은 자신과 밀접한 혈연적 관계에 있지 않더라도 궨당이라 생각했다. 동네에 사는 모든 사람들을 삼춘(촌)이라 불렀다. 지나가는 사람도 삼춘(촌)!, 이라며 불러 세우곤 한다. 이는 규정적이고 폐쇄적인 인간관계가 아닌 대면적 인간관계를 추구해온 까닭이라 생각한다.)

다른 길을 생각해보지도 않는 이 여성의 일생은 안정적으로 보인다. 욕심 내지 않고 자신의 역할에 순응하고 엄청난 수고에도 불만을 가지지 않고, 상대에게 별다른 요구도 하지 않으며 분노도 하지 않는 이 여성은 조용한 주부의 모습을 연상시킨다. 그녀는 고통스럽고 설사 수모를 받는다 하더라도 삶의 안정을 늘 유지한다. 참고 견디는 것에 익숙하며 원망이나 후회도 없으므로 정진도 없고 반성도 없다. 그냥 그 자리이다.

사회에서 소중하다고 인정되는 것들, 예를 들어 가정의 유지, 인간적인 희생과 양보 등은 강하고 단호한 것들에 의해서가 아니라 우유부단한 마음들인 원강아미나 강림의큰부인들에 의해 일부분 유지되어 왔을지도 모를 일이다. 그녀만의 상처로 가정이 깨지지 않고 그 위태위태한 많은 부부들이 유지될 수 있었을지 모른다.

그럼에도 사회가 어느 한 쪽의 일방적인 희생을 강요하는 불공정한 힘에 의해 지배되고 있다는 것은 분명히 극복되어야 할 사항이다. 강림의큰부인 개인으로 볼 때도, 또 사회적으로 볼 때도 지나치게 다방면의 근심을 어느 한 쪽만 떠맡고 있다는 것은 비인간적이라는 점 이외에도 많은 수고와 비용을 소모시키는 비합리적인 것이기 쉽다.

강림의 폭력과 강림의큰부인의 순종은 사실 남성지배 구조라는 사회구조의 조건 안에 존재한다. 선택의 기회가 적고 권력이나 부, 교육에 다가설 기회가 적으며 따라서 전문성과 경제적인 독립성이 확보되지 않는 많은 여성들이 계산된 순종을 해야하는 조건에도 불구하고 무조건 정체성, 권리 운운하며 분노하는 것은 참으로 공허한 일일 수 있다. 페미니즘이 단지 여성들의 의식과 의지의 차원에서 실현되는 것은 아니므로 강림의큰부인만을 몰아세우는 것은 또다른 소외를 낳고 여성들 스스로 자기비하에 빠지는 우울함을 만들 수 있다는 것이다.

  문제는 페미니즘이 자신의 의식과 의지의 힘으로 이루어질 수 있는 단순한 것은 아니라 할지라도 그녀들의 행동이 대남성적으로 어떤 위치에, 어떤 기능으로 존재하는지에 대하여 인식하려 애쓰지 않는다는 점에 있다. 남성폭력은 그것을 조용히 감수해내는 그녀와 같은 이들에 의해 더욱 횡행하고 있다는 점을 강림의큰부인은 인정해야 한다.

  강림의큰부인처럼 산다는 것은 조용히 눈에 띄지 않게 지내는 것이다. 이 강림의큰부인 여성은 기존의 질서이고, 기존의 질서라는 이름이 그런 그녀를 존재하게 한다. 그녀는 가부장제 사회를 표상한다.

  강림의큰부인 여성에게 필요한 것은 자신에게로 향하는 적극성이다. 그녀의 모든 행동이 무위가 아닌 것으로 자리매김할 수 있어야 한다는 점이다. 사실 그녀의 좋은 성향은 남성지배 사회 구조의 근본적인 변형이 있어야만 공범관계의 고리를 잘라내고 본래의 의미대로 바람직한 인간의 태도로 선망받을 수 있다. 따라서 이런 사실들을 자연스럽게 인식할 수 있도록 하는 여러 방면의 다양한 장들이 개인적이나 사회적으로 마련되어야 한다.

  이미 주어진 '형식'을 절대로 벗어나지 못하는 그녀의 태도와 기준이 없는 포용력은 여러 형식과 제도와 사고체계들을 그 내용의 왜곡에도 변화 없이 존재하게 하여 사회적 악태로 굳어지게 하기도 한다. 이럴 때 그녀는 아우성, 오열과 같은 원초적인 신체의 소리를 지를 필요가 있다. 순수하고 단편적인 그녀가 사회가 요구하는 최면에 빠지고 이어 계산된 순종을 하게 되면서 조강지처로 숭앙되는 것은, 열녀나 양부로 내세워지는 것은, 사회적 폭력으로 확대되기 때문이다.

참기만 한다는 것은 오히려 죄악이다. 참아오기만 했던 그녀가 내는 아우성, 오열과 같은 원초적인 소리들은 상대의 정신을 일깨우고 전반적인 것들을 돌아보게 하는 계기를 만들 것이다. 상대를 계속 위선적으로, 계속 나쁜 인간으로 놔두는 것은 진짜 조강지처가 선택하는 방법이 아니다. 강림의큰부인이 일방적으로 겪는 절망은 오히려 행복한 가정을 이루지 못하게 하는 이유가 될 것이다. 다만 유지되고 있을 뿐인 그런 가정을 위해 모든 수고로움과 희생을 혼자만 오래도록 감내하는 것은 결국 가족 구성원 모두에게도 바람직하지 않다. 결국 사회와 관계맺는 개체적인 인간이라는 인식을 가질 때 모든 좋은 결과들이 모아질 수 있다.

노일저대구일의딸

노일저대구일의딸

디오니소스적인 파괴와 해체 사이에

노일저대구일의딸신화

옛날 남산고을 남선비와 여산고을의 여산부인이 결혼하여 아들 일곱 형제를 낳았다.

"우리가 이래서는 자식들도 많아지고 살 수가 없으니 무곡장사나 해보기 어찌합니까?"

여산부인의 말에 남선비는 배를 지어 무곡 장사를 떠났다.

남선비는 장사 가는 도중에 풍랑을 만나 오동나라 오동고을에 정박하게 되었다. 오동고을에는 간악하기로 소문이 난 노일저대구일의딸이라는 여인이 있었다. 구일의 딸은 남선비가 가진 돈을 긁어내려고 아양을 떨며 장기바둑이나 두며 놀음놀이나 해보자고 권했다. 매끈한 여인의 아양 소리가 싫지 않았던 남선비는 결국은 장사 밑천을 다 날리고 노일저대구일의딸을 부인으로 삼아 그녀에게 끼니를 얻어먹는 신세가 되었다. 간악한 그녀가 쓸모 없어진 남편을 잘 모실 리가 없다. 남선비는 겨죽만 얻어먹고 채밥만 얻어먹다가 석 달 열흘 백일이 되자 영양실조로 눈까지 멀게 되었다.

여산부인은 석 달 열흘 백일이 지나도 남편 남선비가 돌아오지 않자 아들 일곱 형제에게 짚신 일곱 켤레를 만들어 달라 부탁하고 바다에 가보았다. 머리카락이 올라오지 않자 남편이 살아 있다고 생각하고 배를 지어 남편을 찾아 길을 떠났다.

여산부인도 모진 광풍을 만나 오동나라 오동고을에 다다랐다. 바닷가에 배를 대고 세거리에 나와 보니, 갈대밭에서 지장 아기씨가,

"이 새 저 새 약은 새야, 남선비의 약은 깐에도 홀림에 들어 가져 온 밑천 다 팔아먹고, 갈 데 올 데 없으니 노일저대구일의딸이랑 살며 겨죽만 먹어서 봉사가 되었다."

하면서 새를 쫓고 있었다.

"지장 아기씨야, 그 집 어디로 가느냐?"

여산부인이 묻자 남선비가 사는 집을 일러주었다. 그곳을 찾아가니 남선비는 들은 대로 장님이 되어 있었다. 밥부터 해 주어야겠다고 생각한 여산부인은 겨가 눌은 솥을 씻어 나주 영산 금백미로 하얀 쌀밥을 지어 밥상을 들여가니, 남선비는 밥을 뜨다가 그만 비새 같이 운다. 그리고 그간의 사정을 이야기했다.

"하늘같은 낭군님아 내가 여산부인입니다."

여산부인은 서러움에 달려들어 두 손 붙잡고 그간의 서러운 회포를 풀며 실컷 울었다.

밖에 나갔던 노일저대구일의딸이 돌아와 본부인인 여산부인이 온 것을 알았다

"이곳까지 찾아오려니 얼마나 땀과 눈물이 많았겠습니까? 주천강 연못에 목욕이나 갑시다."

아양을 떨며 목욕을 하자고 여산부인을 유인하여 주천강 연못에 데리고 가 떠밀어 죽여버렸다. 그리고는 여산부인의 옷으로 갈아입고 변장을 하여 노일저대구일의딸을 죽여버렸으니 고향으로 가자고 남선비를 꼬여 고향으로 돌아온다.

부모님이 돌아온다는 소식을 듣고 형제들은 자신의 도포, 두루마기, 저고리, 바지, 행경, 갓을 벗어 예를 갖추어 부모님 오시는 길에 다리를 놓았지만 똑똑하고 영리한 막내 녹디생이는 '칼선다리'를 놓아두었다. 녹디생이는 아무래도 아버지는 우리 아버지인데 어머니는 우리 어머니가 아닌 듯하여 배에서 내린 노일저대구일의딸에게 말했다.

"우리 어머님이걸랑 우리가 사는 집을 가르쳐 보세요."

그녀는 이 골목 저 골목 기웃거리다가 오래 배를 타고 와서 멀미끼와 두통이 있어 잘 모르겠다고 한다. 밥상을 차릴 때도 아버지 밥그릇은 아들한테 가고, 아들 밥그릇은 아버지한테 가는 것이 어머니인 여산부인이 아님이 분명했다.

막내 녹디생이가 눈치를 챈 것을 안 노일저대구일의딸은 일곱 형제를 죽일 결심을 하고 마루로 나와 '아이구 배야, 아이구 배야.'하며 큰 소리로 외쳤다.

남선비가 걱정이 되어 물었다.

"어디 아파 그러오?"

"내 병은 주사 맞고 약먹어 낫는 병이 아닙니다. 뒷집에 가면 점 잘치는 점쟁이가 있으니 거기 가 문점이나 쳐 주세요."

남선비가 지팡이를 짚고 뒷집에 가는 사이 벌써 노일저대구일의딸은 담을 뛰어 넘어 먼저 그곳에 가서 대기하고 있다가 남선비가 문점하러 오자 점쟁이인 척 다른 목소리를 내어 말을 한다.

"살릴 방법은 딱 한 가지입니다. 일곱 형제의 간을 내어 먹어야 좋겠습니다."

노일저대구일의딸은 거짓 점괘를 내놓고는, 남선비가 돌아오기 전에 집으로 돌아와 배를 잡고 뒹굴며 외친다.

"아이구 배야, 아이구 배야. 하늘 같은 낭군님아, 거기 가니 어떤 점괘가 나옵디까?"

"아들 일곱 형제 죽여 간을 내먹어야 병이 낫는다고 합디다."

남선비가 대답하자 어디 그런 점이 있느냐며 그녀는 또 다른 점장이를 일러주고 다시 처음처럼 시치미를 떼다가 난감해 하는 모양으로 말을 한다.

"낭군님아 내 말 들어보시오. 나는 죽으면 다시 못 옵니다. 아들 일곱 형제 죽으면, 내가 한 해에 둘, 한 해에 둘, 한 해에 셋 나면 잠깐 사이에 일곱 형제가 됩니다."

이에 남선비가 은장도를 갈자, 뒷집에 할망이 일곱 형제에게 이 사실을 알려주었다.

"어머니 살아 있으면 빨리 와서 우릴 구해주고, 죽었거들랑 혼정으로 우리들을 살려주세요."

남선비의 아들 일곱 형제는 비새같이 울다가 결국 일곱 번째 아들 녹디생이가 아버지의 칼을 자기가 뺏어오겠다고 한다.

"아버지, 그 칼 이리 주옵소서. 일곱 아들 죽이려면 가슴도 일곱 번 아파야 될 것이고 죽어서 묻으려면 일곱 구덩일 파야할 테니, 그 칼 제게 주면

저가 형님들을 죽여 간을 내어 오겠습니다. 그걸 어머님께 드려 살아나지 못하면 나중에 나까지 죽여 일곱을 채워 드리겠습니다."

녹디생이는 산돼지의 간을 내어 집으로 들어가서 어머님께 올렸다.

"어머님아, 어머님아, 이거 잡수고 살아나세요. 형님들 내 손으로 다 죽여 간을 내어 왔습니다."

"누가 어른 약 먹는데 아이가 본다고 하더냐? 약을 먹을 동안 밖에 나가 잠시 기다려라."

막내 아들 녹디생이가 밖에 나가 창문 가에서 침을 발라 창을 뚫고 보니, 노일저대구일의딸은 입에 불긋불긋 피를 묻히며 소리를 지른다.

"아이구 배야, 아이구 배야. 애 하나만 더 먹으면 살겠네."

죽는 시늉을 하는 노일저대구일의딸을 보며 녹디생이는 방안으로 들어가 다시 꾀를 내어 말한다.

"어머님아, 죽기 전에 어머님 머리에 이나 잡아드리고 죽겠습니다."

"누가 중병든 사람 머리에 이를 잡는다더냐?"

"그러면 어머님 눕던 자리나 깨끗이 치워드리겠습니다."

"누가 중병든 사람 방을 치운다더냐?"

노일저대구일의딸 재간에 당해낼 길이 없었다. 더 이상 참을 수 없어 녹디생이는 날려들어 이불을 확 걷으니 숨겨둔 간이 드러났다.

"형님들 어서 달려들어 이걸 보십시오."

녹디생이가 외치자 형님들이 죽일 듯이 달려드니, 남선비는 엉겁결에 달아나다 올레 정살문에 목이 걸려 죽어 간다. 노일저대구일의딸은 변소로 달아나다 쉬흔 댓자 방패머리 지들팡에 칭칭 감겨 죽어간다.

일곱 형제는 주천강 연화못에 가서 서천꽃밭 열 두 가지 생기오를꽃, 웃음웃을꽃, 말하게 하는 꽃, 오장육부오를꽃, 걸음걸을꽃, 화날꽃, 울음울을꽃을 놓고 송낙막대기로 어머니를 한 번, 두 번, 연 세 번을 때리니 "아이구, 봄잠이라 너무오래 잤구나"하며 여산부인이 일어난다.

아들들은 물 속에서 추웠을 어머니를 하루 세 번 불을 쬐면서 지내시라고 조왕할망으로 좌정시켰다. 일곱형제는 네 방향과 중앙, 뒷문을 맡고 영리한 막내 녹디생이는 일문전(앞문)신이 되었다.

노일저대구일의딸 원형

여분으로 있는 여자

노일저대구일의딸이 등장하는 〈문전본풀이〉는 인간이 몸담고 살고 있는 집의 곳곳을 지키는 신에 대한 신화이다. 이 신화는 집안의 안전과 평화가 지속될 수 있기를 소망했던 신화이고, 신화라는 것에도 가부장제 사회의 속성이 어김없이 반영되고 있음을 알게 해준다.

이 〈문전본풀이〉에 나오는 노일저대구일의딸은 남선비의 첩으로 등장하는 칙간(변소)의 여신인데 그녀는 〈차사본풀이〉의 과양생의처와 함께 제주 신화에 나오는 많지 않은 악신 중의 하나이다. 이 여신은 남선비의 본처인 여산부인을 주천강 연내못에 등을 밀어 빠져 죽게 하고 남선비의 아들 일곱 형제까지 죽이려다 막내 녹디생이의 지혜로 오히려 죽임을 당한 뒤 변소의 신인 칙도부인이 된다.

이 점은 다분히 남성중심적인 문화의 코드를 읽을 수 있게 하는 요소이다. 가내의 안전을 위협하는 것은 남편의 방탕함이라 하는 것이 더 옳을 텐데 우리 문화는 첩을 몇 안 되는 악신으로 설정하고 가내의 안전을 위협하는 것의 대표로 삼고 있으며, 남편의 삶에만 한정된 이 여성을 인간 삶에 꼭 없어서는 안 되는 변소의 신으로 좌정시키고 있는 것이다.

그리스신화에서는 사랑과 미의 여신 아프로디테가 열두 신에 꼽힐 때는 가정과 화로의 여신 헤스티아가 빠진다고 한다. 또 술의 신 디오니소스가 열두 으뜸 신으로 꼽힐 때도 이 가정과 화로의 신인 헤스티아가 빠진다고 한다. 그리스에서는 사랑과 술은 아무래도 가정, 조왕(부엌) 같은 이미지와는 가까이 할 수 없는 것인가 보다.

아무것도 아닌 듯 보이지만 신화 속에 나타난 이런 차이를 통하여 사랑과 가정의 책임 문제에 있어 서구와는 다소 다른 우리의 인식과 태도를 비교해 볼 수 있기도 하다.

우리 문화의 경우 남성이 다른 여성과 사랑에 빠지거나 술을 너무 좋아한다 해도 그것이 가정 파괴의 결정적 원인이 되지는 않는다. 남성에게 불륜과 가정은 선택해야 하는 영역이 아니다. 가정은 아내에게 내맡기고, 불륜의 사랑도 하고 술도 마음껏 마실 수 있는 것이 신화에서도 또 우리사회 남성들의 사고 속에서도 일반적이다. 가정과 아내는 이미 그들 자신의 일부에 속해 있는 것이지, 더 이상 지키려 노력하고 배려하고 또는 자신을 덜어내는 수고를 감당해야 하는 의미심장한 타자가 아니다. 여성들의 불륜은 용서될 수 없지만, 남자들은 불륜의 사랑을 나누다가 문제가 되면 그럴 수도 있지 않느냐고 머리 몇 번 긁적이며 돌아오면 되는 것이다. 여자들은 혼자 힘들게 아이들을 기르고 시부모님을 봉양하면서 어떤 일이 있어도 참고 제자리를 지켰으며 그렇게 조강지처가 되었다.

그러나 서구의 경우는 한 쪽을 선택하게 한다. 사랑이나 술을 선택하면 가정과 부엌을 버려야 한다. 아프로디테를 선택하면 헤스티아는 제외되고 디오니소스를 선택해도 헤스티아를 버려야 한다.

실제로 다른 사랑이 생겼을 때 우리와 서구 일반의 생각은 최근까지도 신화에서와 같은 차이를 보이는 것 같다. 우리의 경우 절대로 가정은 포기할 수 없는 것이다. 가정은 가정이라는 단어 자체로 독야청청하게 견고해야 한다. 불륜의 사랑과 가정 둘 중 하나를 선택할 필요가 없다.

반면 서구의 경우는 적어도 '모르게만 하면 된다'라는 생각이 지배적이지는 않은 것 같다.

사실 진실이라는 것은 사물과 인간관계에 따라 끊임없이 달라지는 것인데도 진실은 이미 정해져 있는 경우가 많다. 부모는 고정적인 패턴으로 정해져 있다. 그래서 입양은 참으로 힘든 것이 되고, 한번 맺은 결혼은 절대 깰 수 없다. 사랑의 여부에 의해 부부관계는 달라질 수 있는 것인데도, 우리의 경우 결혼만 하면 사랑과 관계없이 가족은 영속되어져야 하는 것으로 생각한다. 자식과 아내, 며느리, 시어머니와 같은 새로운 인간관계들이 생겨났는데도 우리의 경우 자식이나 며느리 같은 이 새로운 주체들을, 새롭게 달라지는 관계의 주체로 인정하지 않는다.

기성질서에 대한 역반응

노일저대구일의딸 원형은 사리사욕이 많은 여성들의 원형이다. 이 여성은 야누스처럼 두 얼굴을 가진 경우가 많다. 그녀는 빈정거리며 다니다가 조금이라도 자기의 마음에 맞지 않으면 싸움을 거는, 질투심 많은 심술꾼이라 말할 수 있다. 타인을 중상하거나 모함을 하기도 하고 짜증을 잘 내며 흥분하기 쉽다. 그래서 욕을 먹기도 하고 수모를 당하기도 하지만 별로 부끄러워하지도 않는다. 자신의 마음에 맞고 추구하는 것이라면 대화를 이끌면서 바라는 바를 얻으려고 애쓰지만 자신에게 유리하지 않은 것들에 시간을 내거나 관심을 가지는 경우는 없다. 그 집중적인 추진력과 인내는 가히 놀랄 만하다.

노일저대구일의딸은 미성숙하고 자신만 아는 딸아이의 원형이다. 아직 다 자라지 못한, 세상의 온갖 서러움과 진정한 기쁨을, 진정한 삶을 경험하지 못해서 욕심만 센 딸아이처럼 자신이 원하는 것에만 몰두한다. 받기만 하고 원하면 무엇이든 얻을 수 있었던 딸은 어쩔 수 없이 포기해야 하는 사람들의 마음을 헤아릴 수가 없다. 다른 사람의 불행에 무심하며 자신 때문에 생긴 불행이라도 인정하지 않는다. 그녀는 적극적이고 저돌적으로 자신이 원하는 것을 향하여 매진하고 그것의 성취를 위하여 수단과 방법을 가리지 않는다.

이 원형이 건강하고 긍정적으로 발휘될 경우 그녀는 천진난만한 순수함, 솔직함, 생기발랄함으로 받아들여질 수 있다. 세상의 때가 묻어 늘 타협만 해 온 사람, 늘 눈치만 보아온 사람에게는 찾기 어려운 매력이다.

노일저대구일의딸 원형만큼 자신의 인생에 매순간 충족감을 주는 원형은 없다. 그러나 그 결점에 있어서도 노일저대구일의딸 원형만큼 즉시에 치명적인 원형도 없다. 이런 극단적인 단절은 사회의 인식방법에 대한 단절, 지금껏 유지되어 왔었던 질서와의 단절, 찬양되어 왔었던 인간성의 단절을 의미한다. 오늘날 젊은 세대들이 이런 원형에 강렬한 유혹을 느끼는 것은 그들이 지금껏 믿어 의심치 않았던 믿음과 가치들이, 사실은 모든 새롭고 다른 가치들을 세상의 논리와 질서라는 허울 속에서 배제되어 왔었다는 것을 눈치챈 결과가 아닐까.

노일저대구일의딸 원형은 '나는 나이고 세계의 중심'이라 외치는 신세대들이다. 이 원형은 자신에 대한 타인들의 고정적인 이미지들을 박살내며 자신만만하게 세상과 만난다.

기성 세대, 기성 질서의 모순에 환멸을 느끼는 데서 오는 역반응일 수 있는 이것은 새로운 질서인 까닭으로 위험하기는 하지만 그 나름의 취택의 과정을 거치면서 점점 기세를 얻어가고 있는 것 같다.

　노일저대구일의딸은 신세대에 이어서 우리 시대의 '아줌마 부대'로 이어진다. 열심히 허리띠를 졸라매고 집안을 꾸리고 남편과 아이를 뒷바라지하고 살아야 했던 아줌마들은 사회의 원리적인 지식을 갖출 여지가 없었다. 그러는 동안 아줌마는 남편에게, 자식에게까지 무시당하는 서러운 존재들이 되어 버렸다.

　최근 지금까지와는 다른 부피, 새로운 의미로 등장하는 이 아줌마 부대 역시 공식적인 사회에 대한 역반응, 반작용일 수 있다. 여성들이 가지는 이미지가 가차없이 단순화되어 그녀의 임무는 밥을 짓고 다소곳이 가족을 기다리는 것으로, 그녀의 장소는 가정으로, 시선을 내리깔고 다소곳하게 다니는 것이 여성에 대한 긍정적인 품위로 여겨졌던 기존사회에 대한 반란이고 반항일 수 있는 것이다.

　아줌마는 분명히 긍정적인 기능으로 존재할 수 있다. 처음 이 당당한 아줌마는 많은 여성들의 〈메타 신체〉가 된다. 아줌마라는 사회적 대표 속성이 어떻게, 왜 가능했고, 사회가 지금까지 가지지 못한 것 또는 가져야만 하는 것은 무엇인지를 발견하는 기능으로 등장한다는 것이다.

　이런 아줌마들의 존재는 우리사회의 특성을 읽을 수 있게 하는 징표가 된다. 한 켠으로 밀려둔 사소한 일거리들처럼 천덕꾸러기가 되어 왔던 부당함, 억눌렸던 존재성 뒤에 버티고 있는 우리사회의 속성을 읽을 수 있게 하는 것이다.

　그러나 역시 기존 사회의 논리이며 질서인, 무비판적 언어를 특징으로 하는 현대사회의 대중매체에 의해 이 당돌한 여성부대의 등장은 체면없이 덤비는, 무지한 부류들로 희화화되어 버린 듯하다.

첩, 중심의 질서를 위해 규정화된 인간 유형

노일저대구일의딸 원형이 꼭 첩의 원형은 아니다. 사리사욕적이고 원한만 가득하며 남의 불행을 기뻐하고, 속절없이 아양이나 떨고 있는 게 첩들의 전형은 아니다. 일부의 여성일 뿐이다.

그러나 우리사회는 아주 최근까지도 이 노일저대구일의딸을 첩의 전형으로 내세워 완벽하게 거부해 왔다. 사회의 질서가 유지되기 위해서 요구된 가족주의 이데올로기와 일부일처제가 남성중심의 질서와 합쳐지면서 첩의 전형은 언제나 노일저대구일의딸과 같은 악으로 인식되고 그럼으로써 첩은 사회로부터 강력한 질타를 받아왔던 것이다.

참으로 인간적이고 매력적인 여성이 많은 것과 마찬가지로 인간적이고 매력적인 첩들도 많다. 첩의 원형을 노일저대구일의딸로 고정시키는 까닭을 여성에게만 돌려놓고 본다면, 주체적인 동시에 상호적인 결혼생활이 되지 못했던 파행적 원강아미형, 강림의큰부인형 여성들이 있기 때문이다. 노일저대구일의딸 원형은 가부장제에서의 관계유지를 위해 사회의 필요악으로 규정시켜버린 유형인 것이다.

노일저대구일의딸 여성

여성들이 멸시된 이유 중 한 가지는 그들이 끝없이 잔소리를 해댄다는 점이라 한다. 남자들은 여자들이 모여서 남의 욕설과 험담을 하고 과장된 이야기와 거짓말을 밥먹듯이 하고, 시시콜콜한 이야기를 쉴새없이 늘어놓으면서 자신들을 헐뜯고 있으리라는 불안감을 가진다.

그래서 모든 것들을 감싸 안는 성모 마리아, 무조건 조용히 참아주는 원강아미나 강림의큰부인을 만들고 또 한편으로는 노일저대구일의딸신화와 같은, 과욕의 대가로 주어지는 심신의 고통과 파멸의 메시지, 의도적인 구성물들을 만들어내고 있는 것이다.

실제로 노일저대구일의딸 여성을 우리가 자주 만날 수 있는 것은 아니다. 이 여성들 역시 가부장제 사회라는 공정치 못한 사회에서 탄생되는 여성들이다. 그녀들은 개인과 사회에 의해서, 애정이 깃든 집안을 망치는 뻔뻔하고 탐욕스러운 부류들이라는 속성을 부여받는다.

남성중심의 문화에서 여성들의 의식이 남성의 시선에서 전면적으로 자유로워지기란 불가능할 것이다. 남성의 기대와 표상에 의해 대부분 여성들은 이중의식을 형성하게 되고 분열된 자아를 가지게 된다. 이로써 남편의 방탕함에 대해서 가해져야 할 단죄를 어쩌면 같은 입장에 있는 첩에게 전가하는 부당함이 발생하고 아이러니하게도 첩에게만 문제해결을 전가하는 왜곡된 방향으로 치닫게 되는 것이다.

평온해야만 되는 세상에서 첩은 감정적으로 사회적으로 도태되어야 할 대상이었다. 첩은 그녀 자체로 존재하는 것이 아니라 사회에 의해 그녀의 존재양식을 결정당했던 부류다.

한반도 지역에서는 축첩제도가 권세가들에게나 가능했었다. 그러나 외세의 침략과 해상활동이 많아서 남성의 수가 상대적으로 적었고 이런 성비 불균형으로 제주에서는 거지도 첩을 둔다고 할만큼 축첩제가 성행했다. 흥미로운 점은 제주도에서는 이 첩에 대한 평가를 타지역에 비해 비교적 객관적으로 하고 있고 또 여성들 자신이 자유의지로 첩이 되는 경우도 많았다는 점이다. 부인들의 질투도 심하지 않았다.

이는 제주도 여성들이 경제적인 자립의 능력을 가지고 있었다는 데 가장 큰 원인이 있었던 것으로 생각된다. 또 다른 한편으로 바다로 나간 남성들의 죽음으로 인한 성적 본능의 욕구충족, 자손의 보전이라는 현실적인 요구들도 이런 태도가 생겨난 하나의 요소가 될 수 있었다고 보인다.

제주도에서 축첩제의 상황에 있는 사람일 경우 처는 강림의큰부인 유형이 많다고 생각되지만, 첩일 경우에는 노일저대구일의딸 유형의 특성을 보이는 것이 일반적인 것은 아니다. 즉 서로 죽일듯이 덤비는 것만은 아니라는 것이다. 신화를 살펴보더라도 처첩이 등장하는 경우는 많으나 첩과 처가 갈등과 반목으로 주위의 모든 것들을 파묻는 경우는 많지 않다.

〈송당의 당본풀이〉에서의 백주또와 첩, 〈차사본풀이〉에서의 강림의큰부인과 열여덟의 첩, 제주시 용담동에 있는 〈궁당본풀이〉의 중전대부인과 정절상군농, 〈수산리 본향당 본풀이〉의 금백주와 용왕국 말녀, 〈보목리 본향당 본풀이〉에서의 신중부인과 새금상따님 등 처첩이 등장하는 신화는 많다. 그러나 이 신화에서는 서로를 미워하고 반목함으로써 파멸의 계기를 만들어 내기보다는 서로에게 관심을 두지 않거나, 심지어 첩은 처를 옹호하고, 처는 첩을 보호하고 동정하는 모습을 보여주는 경우도 많다.

처첩간에 갈등은 당연한 것이지만 현실 제주도에서는 첩이 처를 형님이라 부르는 경우도 많으며 심지어 둘이 한 집에 함께 사는 경우도 있다. 첩의 자식들은 대부분 처의 집, 즉 아버지의 집에 가서 제사에 참여하고 어려운 일을 돕기도 한다.

수산리 본향당 본풀이에서의 용왕국말녀는 남편이 귀양 보내버린 큰부인을 찾아가 남편이 잘못되었다고 하면서 귀양을 풀고 형님이라 부른다. 동김녕 송씨 집안의 조상신화에서 첩인 광청아기는 남편 송동지 집안을 거부로 만들고 명성을 주는 여신으로 나타나기도 한다.

처첩이 등장하는 한반도 지역의 이야기들은 처첩간의 갈등과 반목이 주를 이룬다. 실제 생활에서도 한반도 지역은 서자의 개념이 뚜렷하다. 왕실에서의 피비린내 나는 이야기들이며, 콩쥐팥쥐, 장화홍련 뿐만 아니라, 박경리의 「토지」에서나, 어떤 얘기에서나 거의 한결같다. 논농사와 유교적 질서 중심의 가부장은 자신들과 구별되는 소작인, 여성, 첩, 서자와 같은 수많은 사람들을 만들어 냈고 그들을 철저하게 차별화시키고 배제시켜 왔다.

반면 제주에서는, 신화에서와 같이 실제 생활에서도 처첩간의 갈등이 적은 편이다. 이는 제주도가 논농사를 함으로 해서 형성된 일가족, 가문 중심의 위계사회, 양반과 지주의 독점 사회가 아니었고 관직에의 기회도 한정적인 사회여서 첩이나 서자들이 냉혹한 배제와 차별에 처할 기회가 상대적으로 적었다는 점에 원인이 있다고 보인다. 열심히 일하면 누구나 소유할 수 있는 분산된 토지에서 자연스럽게 배태된 평등사상과 개체주의, 공동체의식의 필요와, 마을 안의 사람이면 모두 삼촌이라 부르는 친밀함이 자기 집안이나 자기중심의 비인간적인 차별과 배제를 없애 주었던 것이다.

또한 여성들의 자신감이 이런 처첩간의 갈등을 줄였을 것이라 생각된다. 주도적이고 중심적으로 노동에 참여하고 경제력을 획득하게 된 제주여성들에게 남성, 남편은 그녀의 전부를 거는 존재가 아니었다. 남편이 없거나 다른 여자에게 가버린다고 먹고 사는 데 위협이 되는 것도 아니었다. 여차하면 뺏길 큰 재산이 있는 것도 아니었다. 심지어 그녀들은 자신을 먹여 살려 줄 가장이 아니라 외로움이나 성적 본능을 나눌 남자가 필요한 까닭으로 스스로 첩이 되는 상황을 만들기도 하였던 것이다.

처든 첩이든 경제적인 독립의 성취는 주도적이고 자유로운 생활을 하게 했으며 그다지 중요하지 않은, 있어도 그만 없어도 그만인 남성이라는 존재를 독점하기 위하여 반목과 자아분열적인 질투를 하면서 돌이킬 수 없는 상처를 받을 필요까지는 없었던 것이다. 일상적인 그녀의 삶, 성적 본능의 추구, 자존심이나 인격은 남편이 준 것이 아니라 제주여성 자신의 노력에 의해 획득되었다.

한반도지역의 여성들은 그녀의 인격과 돈 그리고 자존심과 명예 그 모든 것이 남편을 통해 나왔기 때문에 아버지에 이어 남편에게, 남편에 이어 큰아들에게 전적으로 기댈 수밖에 없었다. 삼종지도는 그 결과였다. 반면 제주여성들은 경제적으로도 심리적으로도 자립적인 생활능력을 가지고 있었다. 따라서 지나치게 의존적이지 않았다. 자신의 남편이나 자식이라고 하여 일방적으로 그들의 편을 들어주지도 않았다. 잘못을 하는 한 비난과 질

책도 거침없이 가한다. 오히려 자신의 남편이나 아이들을 먼저 나무라는 경우가 많다. 부모에게, 남편에게, 큰 형님에게, 아들에게 기대지 않고 따로따로 살아 가는 것은 제주사람들의 핵심적 자세다.

이런 태도는 직접 경제활동에 참여함으로써 얻은 생활에 대한 자신감과 개인적 관계에 매몰되지 않는 공동체적인 정서 등의 결과이기도 한데, 이런 이유로 첩에 대한 대응도, 또 첩이 되는 것에도 비교적 자유로울 수 있었던 것으로 보인다.

노일저대구일의딸형 아이는 욕심꾸러기다. 그 아이는 절대 자신의 장난감을 남에게 빌려주지 않을 것이다. 흥미가 사라져 스스로 손에서 놓아버려도 다른 아이가 그것을 가지고 있는 것을 보면, 도로 빼앗는다. 이 아이는 끊임없이 가중되는 욕구와 함께 울음과 웃음을 반복한다.

노일저대구일의딸형 소녀는 1318의 신세대 소녀들이다. 이 소녀는 가상 비싼 운동화를 신으며, 튀고 싶어한다. 고가 상표의 운동화와 아무도 모르는 외국 브랜드의 티셔츠를 입고 다니는 것이 이 소녀들을 우쭐하게 한다. 늘 남과 다르게 튀고 싶은 이 소녀들은 사회에서 가장 확실한 소비의 층에 속하며 기업가들은 이들의 구미에 맞는 상품들을 고안해 내느라 정신이 없다.

또래의 착하고 예쁜 소녀는 그녀에 의해 뜬금없는 수모를 당할 수 있다. 자기보다 높은 평가를 받는 것을 이 노일저대구일의딸 소녀는 참을 수 없다. 노일저대구일의딸 소녀는 도드라지게 보이는 또래들에 대한 헛소문을 퍼뜨리고, 골탕을 먹이면서 왕따시키기에 골몰한다.

노일저대구일의딸 처녀는 오로지 멋있는 남성의 눈에 들려고 최선을 다

할 것이다. 모든 여성을 경쟁의 대상으로 삼기 때문에 동성 친구와의 우정도 중요하게 생각하지 않는다. 미혼인 경우 노일저대구일의딸 여성에게 가장 중요한 일은 모든 것을 갖추고 있는 남성과 만나는 일이다. 일단 데이트를 시작하게 되면 여자 친구들과의 만남은 소원한 관계로 끝나버린다. 어떤 방법을 동원해서라도 능력 있고 멋있는 그를 차지하는 것이 절대절명의 목표이다. 욕심많은 그녀는 남성들의 시선에 맞추어 예쁜 옷을 사고 치장을 하는 데 돈과 노력을 아끼지 않는다. 자신의 내적인 수양과 전문능력의 성취에 악착같이 노력하기도 한다. 이 여성은 집안, 능력, 외모의 면에서 최고의 남성들을 애인으로 삼으려 하기 때문에 그 이외의 다른 남성들은 가차없이 무시한다. 이럴 때 그녀의 코는 화장을 안 한 자신의 모습이 탄로날까 간밤에 살을 섞었던 남성들을 죽인 클레오파트라의 코가 된다. 자신의 욕구충족을 위하여 이처럼 강력한 추진력을 갖는 여성은 드물다.

노일저구대일의딸 아내는 남편에게 너무나 애교스럽고 열성적으로 최선을 다하는 아내일 것이다. 그녀의 남편은 어느 모로 보나 인정받는 사람일 경우가 많다. 경제력, 높은 지위와 명성, 좋은 가문, 남성다움들이 그녀의 선택에 고려된다. 그녀는 수단과 방법을 가리지 않고 그런 남편을 얻고, 최선을 다해 그에게 봉사한다.

남편이 자신의 욕구를 충족시켜주지 못하고 있다면 남편이 하는 행동에 아무런 관심이 없다. 자신의 기준에 못 미칠 경우 상대에게 무관심하고 함부로 상처를 준다. 그러나 자신의 욕구를 충족시켜주는 남편이라면 그 남편에게 이 아내는 최고, 최선의 서비스를 다한다. 남편은 곧 그녀 자신이기 때문이다. 다른 여성과 특별한 관계를 가질 경우에도 여전히 남편은 나만을 사랑한다고 생각할 것이며 잠시 못된 여자의 꾀임에 빠져 바람이 난 것이지 그 여자를 사랑하는 것은 절대 아니라 믿는다. 그래서 남편에게 직접 분노하기보다는 상대 여성에게 분노하고 복수하고 그럼으로써 오히려 안정되는 자신을 느끼며, 무력함과 우울증에 쉽게 빠지지도 않는다.

노일저대구일의딸 어머니의 자식들은 행복할지 모른다. 그녀는 늘 자신의 자식들을 최고로 알고, 가는 곳마다 자랑삼으며 최고의 옷과 학용품으로 치장을 해주기 때문이다. 아이들은 곧 그녀 자신이기 때문에 그녀는 그 아이들을 걷게 놓아둘 수 없다. 그녀의 아이들은 최고급 승용차로 학교까지 모셔진다.

남편은 어느 정도의 돈이든지, 학벌이든지, 집안이든지 어느 면에서건 이미 능력을 가진 남자일 경우가 대부분일 것이다. 욕심 많은 그녀가 택한 사람이기 때문이다. 어느 정도의 성취를 이룬 그녀는 허세를 부리고 자신보다 위에 있는 것들에 대해서는 졸렬하게 충성을 다하며, 자신보다 밑에 있다고 생각되면 간단하게 무시한다.

그녀가 처녀일 경우 특히 그녀는 이지적이고 생각이 깊은 또래를 미워한다. 그녀의 한 켠에 숨어 있는 어떤 요소들이 그녀에게 열등감을 주고 그녀의 쾌락을 반감시키기 때문이다.

결혼한 노일저대구일의딸 여성은 늘 쾌락을 같이 나누면서 증폭시키기를 기대하기 때문에 자기 남편만큼의 능력을 지닌 남성의 아내들과 만날 것이다. 친구의 기준은 자신이 가지는 남편이 준 지위, 부보다 낮아서는 안 된다. 만약 남편과의 결혼생활이 그녀를 흥분시켜 주지 않을 때면, 그녀는 맹렬히 돌아다니며 다른 일에 열중할 것이다.

노일저대구일의딸 주부는 이웃집보다 아파트 평수가 커야함은 물론이다. 냉장고에는 언제나 비싸고 맛난 음식물로 가득가득 채워져 있어야 한다. 최고급 옷을 입고 최고의 차를 타야 한다. 그러면서 그녀는 끊임없이 남을 소외시키고 또 끊임없이 자신을 억압한다.

끝을 모르는 그녀의 욕심은 어디로 튀쳐나갈지 모른다. 그녀에게 최악의 요소는 그녀의 욕심을 실현해 낼 수 없는 상황들이며 욕심을 통제하지 못하는 데서 오는 불만이다. 이것은 자신을 포함한 주변의 극단적 파괴라는 최악의 실패를 가져 올 수 있다.

'아줌마', '아줌마 부대'는 이 원형이 가장 대중적으로 발현되면서 희화화되어 가는 경우인 것 같다. 처음에 당당함의 의미로 시작된 아줌마는 무반성적 언어의 대중매체에 의해 뻔뻔스럽고 방정맞은 단어가 된 듯하다. 사회적 가치들, 돈·명예·지위는 한정되어 있고 그런 것을 취하지 못한 이 여성들은 자신의 욕망을 아이들에게 투영시켜 아이들에 대해서 극성이다.

교양을 엮고 재미있게 즐길 수 있는 취미의 기회도 없는 사회와 가정의 공간에서 그녀들은 100원 고스톱을 하거나 사우나에 가서 분홍색 비닐을 허리에 두르고 허릿살을 빼는 문화에 쉽게 빠진다. 사우나에서는 남편의 흉을 보느라 정신이 없지만 막상 집에서는 남편에게 잘한다. 버스에 타면 자신의 가방을 빈자리에 던져 남편의 자리까지 악착스럽게 잡아 둔다는 그녀다.

별 불만도 없는 상황이고 잘 지내고 있으면서도 이런 그녀들은 늘 불안하고 초조하다. 그래서 자기 마음과 조금이라도 맞으면 극성스럽게 흥분하고, 마음에 맞지 않은 일은 양보도 체면 차릴 것도 없이 와와 소리친다. 마음에 맞는 일이 없나 눈을 휘휘거리고 멋있는 남자들에게 웃음을 흘려보기도 하면서, 바람난 남편의 상대는 머리채를 끌고 반쯤 넋을 빼놓아야 시원하다.

애쓰게 대학에 가서는 막상 아무 공부도 하지 않는 대학생처럼 이 아줌마들은 아파트 시세, 자동차 주식에 대해 꼼꼼히 따지고 현명한 판단을 하면서도 어렵게 번 돈을 과외비, 기도비로 쉬 날려버린다.

우리사회는 서로를 탓하며 상처를 덧나게 하는 수준 이상의, 훨씬 단계가 높은 슬픔을 가지고 있다. 우리 모두의 출구는 너무나 빈약하고 숨겨야 할 정도로 천박하다.

학력과 돈과 남성중심의 일방적 사회가 만들어 놓은 이리한 노일저대구일의딸 여성은 남을 억압하는 동시에 자신 스스로도 억압당하는 여성이 되기 쉽다.

가정이나 기업, 사회 모든 분야, 모든 곳에서 그녀는 죽을 만큼의 노력을 한다. 남편이 있을 경우 그녀는 남편의 성공을 위하여 양육과 가사, 패션과 요리, 전문성의 확보, 심지어 웃음을 파는 로비까지 발 벗고 뛰는 여성들이다.

그녀는 아기를 돌볼 수 있도록 하기 위하여 더 시간을 갖고 싶어하고 또 자신을 위해서도 많은 시간을 충분히 활용하고 싶어한다. 아이가 병이 나도, 아이가 공부하도록 감시하는 것도, 아이가 겪게 될 역경들을 감지하고 이를 물리치기 위해 노력하는 것도, 어느 것 하나도 이 여성은 양보할 수 없다. 육아와 가사는 그녀의 투자를 원하고 그 투자 역시 활동적으로 이루어진다. 자신의 취미나 사회활동에도 적극적이다. 미용실에도 가고 맞사지도 받으면서 자신을 가꾸는 데도 부지런하다. 자신의 직업적인 성공도 양보할 수 없다.

이 여성들은 모두를 최고로 하기 위하여 매일 많은 재주를 부린다. 언제나 그녀는 긴장의 상태에 있다. 그녀들은 아침부터 밤까지 자신들의 아이를 최고의 학교에 다니게 하기 위해, 일등 성적표를 받아오도록 하기 위해, 자신의 업무에서 자신의 절대적 존재를 느끼게 하기 위해 바쁘게 움직이는 것이다. 이 모든 것은 책임과 의무라기보다는 욕망에서 기인되는 것이어서 강한 추동력을 갖는다. 이 욕망은 점점 많이 그리고 넓게 가중되어 나타나고 있는 듯하다.

이 여성은 엄청난 잠재력을 가지고 있기도 하다. 그녀의 적극성, 타인과의 경쟁심, 꼭 이기고 말려는 승부근성, 하나를 끝내면 또 다시 시작하는 새로움에 대한 추구, 최고를 추구하는 선택, 추진력을 만들어내는 욕망과 집착, 그리고 이 모두를 위한 가상할 정도의 노력들은 우리 모두의 삶에 필요한 것이기도 하다.

그녀의 진정한 가능성은 이 모든 요소를 그녀 자신을 억압시키지 않는 범위내에서 발휘할 수 있을 때, 그리고 그녀가 남에 대하여 미치는 영향력을 인정하고 그것을 조정할 수 있을 때 좀더 새로운 존재로 거듭날 수 있다는 데 있다.

그녀의 긍정성은 삶을 애착하고 그 삶을 열정적으로 산다는 것에 있다.

즉 그녀가 지금까지 왜곡되게 살아오면서 갖지 못한 것, 또는 가져야 할 것을 당당히 주장하는 모습에 있는 것이지 자신의 욕망에 반하는 것들 모두를 헐뜯는 모양은 아닐 것이다.

  최근에는 정복, 승리와 같은 가치들을 찬미하지는 않지만 그렇다고 해서 그 반대편의 양보, 희생, 조화 등의 가치가 찬미되고 있지도 않다. 오히려 가장 음지에서 싹을 키울 수 있었던 노일저대구일의딸의 단순성, 자기중심성, 이기심, 시기심, 허영, 이중성 등의 성향들이 매혹적인 것으로 보여지고 인식되는 경우를 종종 본다. 사리사욕에 밝은 노일저대구일의딸처럼 행하는 여성들이 많아졌다. 설명할 수 없는 세상의 일들은 욕망을 가지고 풀어보면 명쾌해질 때가 많다. 그녀는 음지에만 있지 않다.

  문제는 은밀하게 아주 개인적으로 우리 내부에 확산되는 이런 노일저대구일의딸적인 것들이 내부의 역동적인 반란성을 잃어버리고 무비판석으로 자리잡아 가고 있다는 점에 있다. 많은 매체들, 특히 TV는 점점 노일저대구일의딸이 가지는 긍정성은 빼고, 욕망하는 그녀의 반인간적인 면만을 희화화시키면서 방청률을 높이는 오락, 드라마를 우후죽순으로 내보이고 있다.

  원강아미에 대한 찬양과 노일저대구일의딸에 대한 혐오는 여성순종과 여성 멸시의 유사패턴이다.

다시 신화를 읽으며

　모든 사람들에게는 차이가 있다. 그러나 많은 사람들은 '차이'의 의미가 가지는 이타성異他性을 제대로 유통시키지 않는다. 오히려 다르게 생겼다는 것, 더 크거나 작거나, 가슴이 있거나 없거나 하는 것들을 통해 서로를 분류 또는 특화시키면서 배제와 차별의 계기를 만들어왔다. 나와는 다른 존재로 타자를 보기도 하지만 오히려 그 다름은 편견, 차별과 억압의 근거가 되어버리고 있다. 피부색이 그러하며 GDP 계수가 그러하다. 적자와 서자가 그렇고 여성과 남성의 경우도 그렇다.

　그렇게 여성은 공정한 타자로 대상화되지 않아 왔던 것이다. 남성과 다르다는 이유로 여성에 대한 배제와 차별이 공공연했던 것과는 달리 최근에는 부정적 이미지로 제시되곤 했던 과거 전통적 여성의 이미지에서 긍정적 이미지를 재발견하는 담론이 성행하고 있다. '다름' 자체를 지우려고 즉 남성과 동일한 여성을 추구하려는 경향에서 이제는 그 '다름'으로 인해서 나타나는 여성적 가치를 강조하는 쪽으로 바뀌고 있는 것이다. 여성적 글쓰기, 여성적 이미지, 여성적 가치들이 대두되고 있는 것이 그러하다. 그러나 여성적 특질 또는 여성적 가치들을 운운하면서 여성의 본성적 존재방식을 찬양하는 것 역시 여성비하의 태도만큼이나 억압적인 것이 될 수 있다. 지배적인 논리, 즉 남성지배의 논리라는 거대한 틀 속에서 작동되고 있는 또 다른 기제가 되고 있는 것은 아닌지 한번쯤은 의심해 볼 필요가 있다고 본다.

여성은 타자이다. 그러나 여성은 남성이라는 완전함 앞에서 오랫동안 비정상적이고 불완전한 존재로 간주되어 왔던 타자이다. 여성은 남성이라는 타자를 통하여 자신의 정체성을 바라보기보다는 자신의 정체성 안에 이미 남성을 포함하고 있는 경우가 많다. 이미 들어와 앉아버린 남성중심적인 것들을 통하여 자신을 바라보는 일에 익숙하다. 여성들의 담론은 지배적인 남성적 담론들에 의해 오염되어 있다.

가부장제 질서에서 여성들이 가지는 복잡하고 다양한 이미지들은 가차 없이 단순화되었었다. 여성들의 장소는 가정이 되었고 그녀들의 본질적 임무는 가족과 아이들이 되었다. 사실 여성들은 정신병자 수용소나 감옥에서 실행되는 감금을 당해야 했다. 그 속에서 그녀는 연약한 존재로서 신체적, 지적인 허약함을 드러내고자 애썼다. 남성들이 지배하는 사회에서 그녀는 남성의 환상과 계획에 따라 흔들렸고 여성 스스로에게도 소외되곤 했다.

태초의 신화는 자연이나 우주, 남성과 여성 등 모든 타자들에 대한 세밀한 관심에서 시작되었지만 점점 현실적인 남성지배의 논리를 반영하게 되어버린 것이 사실이다. 세계의 많은 신화들 역시 현실에서처럼 여성들을 주변적이고 미개하며 단순한 감정의 덩어리로 표현하고 있다.

성경에서도, 그리스신화에서도 악의 기원은 여성이다. 아담이 히브리어로 '사람'을 뜻하니 성경에서도 여성은 사람의 범주에 애당초 속하지 않았다. 바리데기는 여성이라는 이유로 쫓겨나 오로지 일만 하고 아들이나 낳아주면서, 눈 막고 귀 막고 입 막아 살아가는 가엾고 주변적인 존재이다.

현실의 여성들도 마찬가지다. 그녀들은 주변적 존재였고 돈과 권력과 성공이 남성의 것이 되어가면서 점점 손안에 쥐고 마음껏 흔드는 노리개로

물화되었다. 160cm의 키와 IQ, EQ를 가지고 있었지만 그녀는 그녀의 성기가 가지는 크기, 손안에 마음껏 쥐고 놀 수 있는 물건 정도에 지나지 않았다. 그녀의 성기는 인격과 욕구가 있는 구성체가 아니라 단순한 구멍에 불과했다.

제주신화들이나 현실의 제주여성들에게서는 이런 여성성에 대한 다양한 위반과 전복의 이미지들을 볼 수 있어 주목된다. 더군다나 그 반전들이 개인의 본능적인 욕망을 억압하지 않으면서 동시에 공동체적인 인간의 규칙들을 어기지 않는 반전들이란 점에서 무척 가치롭다.

현 사회에 그리고 미래 사회에 필요한 여러 덕목들을 제주신화 속의 여신들은 많이 갖추고 있다. 미래 사회에 가장 맞지 않은 여성성은 의존성과 가족이기주의가 아닐까 한다. 이 둘은 여성을 통해 발현되어 왔다는 점에서 특히 여성들이 가장 염두에 두어야 할 내용인데, 여기에 제수여신들이 보여주는 '따로 또 같이'의 이미지들은 참으로 흡족한 제안을 한다.

감각과 상상력의 시대에 자청비 여성의 부각은 당연한 결론이다. 자청비는 평등과 해방을 갈구하는 여성이 아니라 이미 남성을 지배하는 여성의 이미지를 보여주기도 하고 오히려 남성들을 성적 노리개로 조롱하는 역차별의 통쾌함을 보여주기도 한다. 그리고 더 나아가 그녀는 가족, 부부, 심지어는 동성애적인 관계를 포함한 다양한 인간관계의 형태를 보여준다는 점에서, 또 개인적이라 할 수밖에 없는 다양한 감성과 본능의 영역을 더불어 살아가는 인간임을 잃지 않으면서 보여준다는 점에서 선구적이기도 하다. 여성적인, 너무나 여성적인 그녀는 또한 인간적인, 너무나 인간적인 모습을 보여준다. 지극히 개인적인 그녀의 성과 사랑은 자유롭고 아름답게 사회로 흘러든다.

　백주또가 가지는 선의 원칙이나 책임감과 부지런함은 시대를 불문하고 갖추어야 할 요소들이다. 우리는 미래 사회에 맞는 어머니의 모습을 생각할 필요가 있으며 이런 지점에서 객관적이며 독립적인 백주또 원형의 요소를 갖출 필요가 있다. 그녀는 생활 속의 개체적인 삶을 인정하면서 또한 더불어 살아가는 삶의 상호부조성을 잊지 않는다.

　자신의 발전을 꾀하는 커리어 우먼의 이미지들은 이제 더 이상 페미니즘의 논쟁거리가 되지 않는다. 이제 그것은 일상생활 곳곳에 닿아 있다. 사회에 대한 여성 진출의 증가는 자신의 전문적 능력을 무엇보다 중시하며 개인의 사사로운 것들에 신경을 쓰지 않는 가믄장아기 원형의 매진을 배워야 할 필요를 만들 것이다. 이 여신의 매진은 자신을 더 맞나고 행복하게 살게하며 또 같이 살 수 있게 하는 기본조건이 된다.

　원강아미의 지고지순한 마음은 그 자체로는 가치롭다. 그러나 그녀 중의 일부와 강림의큰부인 내부의 부정적 부분들은 억압적인 사회의 산물이다. 이 여성들에게 가해지는 개인적이고 사회적인 폭력은 마치 자연스러운 질서처럼 되어버린 남성지배의 결과이다.

　욕망의 화신 노일저대구일의딸은 사회의 모순과 위선의 틈새에서 솟아난 인물이다. 썩어가는 사회에 대하여 스스로 부패하면서 자신을 파괴시켜 나갔던 그녀는 착한 사람들을 비웃는 기묘한 사회를 표상하기도 한다.

　사랑, 관계, 형식들에 그 무서운 '관례'대로 스스로 자발적 노예가 되는 과잉 자청비, 과잉 원강아미, 과잉 강림의큰부인 여성들은 결과적으로 스스로를 소외시켜 가면서 위선적인 사랑, 관계, 형식들을 만들어 낼 위험이 있다. 끝없는 개인의 욕망과 사회의 부패는 바로 그 개인과 사회를 파괴할 것이다. 과잉 노일저대구일의딸은 결국 사회 전체를 욕망이라는 이름의 블랙홀 속으로 빠뜨릴 것이다.

현시점에서 여성들이 당하는 억압과 고통은 자기정체성과 개성을 박탈당하는 과정일 수 있으나 그런 억압과 고통 때문에 그녀들은 인간과 삶에 대하여 더욱 진지한 삶의 자세를 가질 수 있었을런지도 모른다. 그녀들은 약자였기 때문에 늘 진정한 인간이기 위한 노력을 할 수 있었고 그런 인식과 태도가 세계의 변화를 만들어 온 것 역시 사실이다.

'제주', '신화', '여성'.
참으로 겹겹이 소외당해온 실체다. 변방의 섬, 말이나 사는 곳 제주, 역사와 객관성으로부터, 남성중심적인 삶으로부터, 문화의 상대성이란 자유로움 속에서도 늘 하찮게 여겨왔던 제주, 신화, 여성.
그 주변적이고 하찮은 것들이 건네는 소중한 이야기들을 전한다.
많은 사람들에게 소문이 나서 널리 회자되었으면 좋겠다.

2002년 3월
김정숙

■ 발문

제주여신들의 생기를
우리에게 선사한 김정숙 선생

　고대 모든 문명지역은 자연요소를 신격화시켜 이에 대한 신화가 매우 풍부하였다. 신화는 문명화의 필요조건이었다고 할 수 있다. 신화가 풍부한 곳에 반드시 문명이 형성되는 것은 아니나, 신화가 풍부하지 못한 곳에 유사문명은 생겨날지 모르나 창조적이고 주체성 있는 문명이 발아한 곳은 한 곳도 없다. 공동체가 있는 곳에 이처럼 신은 있게 마련이지만, 신화가 만들어지는 예는 많지 않다.
　이 시대 왜 지역의 정체성이 화두가 되고 있는가? 이 물음은 '이 시대 왜 신화가 화두가 되고 있는가?'라는 물음과 같은 것이다. 원심력을 갖는 세계화는 필연적으로 구심력을 갖는 지역화라는 현상을 수반하게 된다. 지역화는 무엇인가? 지역화는 지역의 정체성있는 문화를 깨달아 의식하고 실천하는 것이다.
　지역의 정체성은 융의 개념으로 말하면 집단무의식 형태로 이미 우리에게 유전되어 내재하고 있다. 즉, 융은 우리의 정신생활은 우리 조상들의 마음이요, 우리 조상들이 생각하고 느끼던 인생관이고 세계관이라고 하고, 원아(原我)의 무의식적인 원형이 교육 등에 의한 전달이 아닌 유전에 의해 전승되는 의식에 도입되는 계기가 바로 자아(自我)라고 하였다. 그에 의하면 개인의식은 집단무의식을 떠날 수 없는데, 민족의 신화, 역사 등에 존재하는 그 집단무의식은 유전한다는 것이다. 따라서 집단무의식은 문화유전인자(meme)의 심리학적 표현임을 알 수 있는 것이다.

이와 같이 지역주민들은 지역의 신화를 듣고 읽으면서 우리의 조상들이 누구였는가를 알아내고 그 과정에서 자신을 발견하고 내가 왜, 어떻게 살아야겠는가를 깨닫게 된다. 그런데 오늘날 우리들은 서양의 그리스·로마신화에 대해서는 관심을 많이 갖지만 정작 우리의 신화에 대해서는 소홀히 하고 있다. 즉, 우리가 우리의 정체성을 제대로 가질 수 있도록 우리 스스로가 추스리지 못하고 있다는 것이다.

이런 상황에서 이번에 김정숙 선생이 오랜 각고 끝에 내놓게 된 논저『자청비 가믄장아기 백주또 ―제주신화 그리고 여성』은 제주인, 나아가서 한국인에게 매우 의미있는 문화적 사건이 될 것이다. 이 책은 사실 김선생의 〈제주대학교 교육대학원 지리교육전공〉의 석사학위 논문을 발전시킨 것이고, 그 논문은 2000학년도 인문·사회과학분야 중 우수논문상을 받기도 한 것이다.

인간과 관련된 어떤 주제든 그러하지만 신화연구에도 다양한 분야와 다양한 방법으로 임할 수 있다. 그런데 김선생은 문화지리학적 패러다임, 즉 자연환경과 인간삶의 관계를 구명하는 과정에 신화의 지역성을 이해하고 해석하려 했다. 물론 제주섬의 신화에 대해서는 현용준 교수, 김영돈 교수 그리고 문무병 박사 등에 의해 많은 연구가 진행되어 왔고 그 성과 또한 대단하다는 것에 적극 동의한다. 그러나 선학들의 연구는 민속학적인 패러다임에 의한 것으로 김정숙 선생은 민속학적인 그 성과를 발판으로 하여 신화를 보다 대중적이고 현실적으로 해석하려 한 것이 특징이다. 부연하면 김선생은 산업화, 도시화에 따라 어쩌면 사경을 헤매온 우리들의 신을 다시 살려내어 민중들에게 보다 가까이 있도록 했다는 것이다.

김선생의 책은 들기만 하면 놓지않고 단숨에 읽을 수 있을 정도로 재미있다. 그리고 감동적이다. 특히 여신 하나하나에 대한 성격의 구명은 독자인 내가 과연 그 여러 신들 중 어디에 해당할까인가에 대한 호기심을 자아내고, 나아가서는 자신도 모르게 내적으로 자신에 대한 삶을 반성하도록 하는 바이블이 되기도 한다.

김선생의 명석한 지적 능력과 비판적 의식으로 보아 앞으로 제주신화들에 대한 연구물이 계속 나올 줄 믿는다. 부디 우리 제주인의 정체성을 명료히 하고 특히 우리에 이어서 이 섬을 지켜나갈 자라나는 후세들의 양식이 될 좋은 역저들이 나오길 기대한다.

2002년 3월
송성대

참고문헌

고광민(1982), "제주도 처녀당 본풀이 연구," 석사학위논문, 제주대학교 교육대학원
고재환(1993), 「제주도속담연구」, 집문당
김두욱(1999), "제주도 외래종교의 공간적 확산과 수용배경," 석사학위논문, 한국교원대학교 대학원
김성례(1991), "한국 무속에 나타난 여성체험: 구술 생애사의 서사분석," 한국여성학, 제7집
──── (1991), "제주 무속: 폭력의 역사적 담론," 종교신학연구, 제14집
김성례 외(1999), 한국종교문화연구 100년, 청년사
김용숙(1993), 「한국여속사」, 민음사
김용운(1994), 「원형의 유혹」, 한길사
김응종(1997), 「아날학파」, 민음사, (대우학술총서 인문사회과학 55)
김인회(1979), 「한국인의 가치관」, 문음사
김인회(1987), 「한국무속사상연구」, 집문당
긴태곤(1905), 「한국무속연구」, 집문당
김태곤·최운식·김진영 편저(1988), 「한국의 신화」, 시인사
김혜숙(1999), 「제주의 가족과 당」, 제주대학교 출판부
문무병(1993), "제주도 당신앙 연구," 박사학위논문, 제주대학교 대학원
──── (1998), 「제주도 무속신화 −열두본풀이 자료집」, 칠머리당굿보존회
──── (1998), 「제주도 무속신화」, 칠머리당굿보존회
박현국(1995), 「한국공간설화연구」, 국학자료원
박혜란(1993), 「삶의 여성학」, 도서출판 또 하나의 문화
서동욱(2000) 「차이와 타자」, 문학과지성사
선정규(1996), 「중국신화 연구」, 고려원
송성대(1996), 「문화의 원류와 그 이해−제주인의 해민정신−」, 파피루스
──── (1999), "제주섬의 Regionality와 Regionalism," 지리학회 학술세미나 자료집
──── (1994), 「문화지리학강의−환경과 문화−」, 법문사

송인정(1998), "제주도 본향당의 세력권 변천에 대한 연구-동촌지역을 중심으로-", 석사학위
   논문, 한국교원대학교 대학원
여성학교재편찬위원회 편((1997),「여성학의 이론과 실제」, 동국대학교 출판부
윤교임(1995), "여성영웅 신화연구-초공본풀이 삼공본풀이 세경본풀이에 대한 문화기호학적
   해석-", 석사학위논문, 서강대학교대학원
이덕안(1996), "제주도 신화와 자연환경",「지역과 문화의 공간적 전개」, 목산 장보웅박사화
   갑기념논총, 전남대학교출판부
이수자(1989), "제주도 무속과 신화 연구", 박사학위논문, 이화여자대학교 대학원
이윤기(1999),「뮈토스1.2.3」, 고려원
 ──── (2000)「이윤기의 그리스로마신화」, 웅진닷컴
이정우(1999),「시뮬라르크의 시대」, 거름
 ──── (2000),「접힘과 펼쳐짐」, 거름
장광직 지음, 이철 옮김(1995),「신화 미술 제사」, 동문선
장주근(1995),「한국 신화의 민속학적 연구」, 집문당
 ──── (1998),「한국의 향토신앙」, 을유문화사
조무석(1988), "버지니아 울프의 양성론에 대하여",「외국문학」, 1988, 겨울
조혜정(1988),「한국의 남성과 여성」, 문학과 지성사
조흥윤(1994),「무와 민족문화」, 민족문화사
좌혜경(1998), "조청비, 문화적 영웅여성에 대한 이미지-여성상과 성격을 중심으로-," 한국
   민속학, 30집
주강현(1997),「우리 문화의 수수께끼」, 한겨레신문사
 ──── (1997),「풀어낸 비밀 속의 우리문화」, 해냄
진성기(1980),「탐라의 신화」, 평범사
 ──── (1987),「남국의 무속」, 형설출판사
 ──── (1991),「제주도 무가본풀이사전」, 민속원
최길성(1978),「한국무속의 연구」, 아세아문화사
황패강(1996),「일본신화의 연구」, 지식산업사
한국여성연구소 지음(1999),「새 여성학 강의」, 동녘
한국여신학자협의회 한국여신상연구반 편(1992),「한국 민간신앙에 나타난 여신상에 대한 여

성신학적 조명」, 여성신학사
한국역사민속학회 엮음(1990),「역사 속의 민중과 민속」, 한국역사민속학회
현용준(1986),「제주도 무속연구」, 집문당
─── (1980),「제주도무속 자료사전」, 신구문화사
─── (1992),「무속신화와 문헌신화」, 집문당
─── (1996),「제주도 신화」, 서문문고
현승환(1992), "「내 복에 산다」계 설화 연구," 박사학위논문, 제주대학교대학원

다치가와 무사시,「여신들의 인도」, 김구산 역(1993), 동문선
레비-스트로스,「야생의 사고」, 안정남 옮김(1996), 한길사
로렌스 그로스버그·원용진(1997), "문화연구와 권력",「현대사상」, 1997년 겨울 제4호, p.182
로즈마리 통(1989),「페미니즘 사상 (Feminist thought)」, 이소영 옮김(1995), 한신문화사
롤랑바르뜨(1957),「신화론」, 정현 옮김(1995), 현대미학사
──────(1995), 「이미지와 글쓰기」, 김인식 편역, 세계사
뤼시앵 보이아, 김응권 옮김(2000),「상상력의 세계사」, 동문선
리차드 E. 팔머(1996),「해석학이란 무엇인가」, 이한우역, 문예출판사
리처드해리스(1996),「파라다이스」, 손덕수 옮김(1996), 증명
메기 험(1989),「페미니즘이론사전(The Dictionary of Feminist Theory)」, 심정순 엄경숙 옮김, (1995), 삼신각
미국 컬럼비아대학 출판부 간행, 조셉 칠더스·게리 헨치 엮음, 황종연 옮김((1999),「현대문학·문화비평 용어사전」, 문학동네
Mircea Eliade 「상징, 신성, 예술」, 박규태 옮김(1991), 서광사
수잔나 D. 월터스(1995),「이미지와 현실 사이의 여성들」, 김현미·김주현·신정원·윤자영 옮김(1999), 도서출판 또 하나의 문화
시오노 나나미(1992),「로마인 이야기1」, 김석희 옮김(1995), 한길사
C.G.융,「융, 무의식 분석」, 설영환 옮김((1997), 도서출판 선영사
아이작 아시모프,「신화 속으로 떠나는 언어 여행」, 김대웅 옮김(1999), 웅진출판

에마 융(1957), 「아니무스와 아니마(ANIMUS AND ANIMA)」, 박해순역(1995), 동문선
L.K. 뒤프레, 「종교에서의 상징과 신화」, 권수경 옮김(1988), 서광사
위르겐 하버마스, 「의사소통의 사회이론」, 장은주 역(1995), 관악사
웬디 더니거 오플레어티, 「인도인의 성」, 김형준 옮김((1994), 예문서원
Yi-Fu 투안, 「공간과 장소」, 정영길 역(1999), 태림문화사
이능화, 「조선 무속고」, 이재곤 역(1995), 동문선.
쟈크 데리다, 「해체」, 김보현 편역((1996), 문예출판사
쟈크 아탈리(1998), 「21세기 사전(DICTIONNAIRE du ⅩⅩle SIECIE)」, 편혜원, 정혜원 역(1998), 중앙M&B
J.F. 비얼레인(1994), 「세계의 유사신화」, 현준만 옮김(1996), 세종서적
조셉 캠벨·빌 모이어스(1988), 「신화의 힘 THE POWER OF MYTH」, 이윤기 옮김(1992), 고려원
조셉캠벨, 「신의 가면 Ⅱ」, 이진구 옮김(2000), 까치
————, 「세계의 영웅신화」, 이윤기 옮김 (1996), 대원사
George Hart, 「이집트신화」, 이응균·천경효 공역(2000), 범우사
진 시노다 볼린, 「우리 속에 있는 여신들」, 조주현 조명덕 옮김(1992), 도서출판 또하나의 문화
—————, 「우리 속에 있는 남신들」, 유승희 옮김(1994), 도서출판 또하나의 문화
질 들뢰즈, 「의미의 논리」, 이정우 옮김, 한길사
Karl A. Taube, 「아즈텍과 마야 신화」, 이응균·천경효 공역, 범우사
칼G. 융 외(1964), 「인간과 상징」, 이윤기 옮김(1996), 열린책들
캐롤타브리스, 「여성과 남성이 다르지도 똑같지도 않은 이유」, 히스테리아 옮김(1999), 도서출판 또 하나의 문화
포르셍 연구소, 「여성적 가치의 선택」, 문신원 옮김(2000), 동문선
프레이저, J.G., 「황금의 가지」, 김상일 옮김(1996), 을유문화사
피에르 브르디외, 「남성지배」, 김용숙·주경미 옮김(2000), 동문선
하신, 「신의 기원」, 홍희 역, 동문선
Henrietta McCall, 「메소포타미아신화」, 임웅 옮김, 범우사